Matrimonios Bien Comunicados

Guía práctica para mejorar
la comunicación en tu pareja

Alicia García

Copyright © 2016 Alicia García

Copyright © 2016 Editorial Imagen.
Córdoba, Argentina

Editorialimagen.com
All rights reserved.

Todos los derechos reservados. Ninguna parte de este libro puede ser reproducida por cualquier medio (incluido electrónico, mecánico u otro, como ser fotocopia, grabación o cualquier sistema de almacenamiento o reproducción de información) sin el permiso escrito del autor, a excepción de porciones breves citadas con fines de revisión.

CATEGORÍA: Autoayuda/Relaciones Amorosas

Impreso en los Estados Unidos de América

ISBN-13:
ISBN-10:

ÍNDICE

Prefacio 1

1 Analizando los obstáculos 5
    10 formas de comunicarse de manera efectiva 11

2 Cómo lograr una comunicación efectiva 13
    Fundamentos de la Comunicación 14
    Tómate el tiempo para comunicarte cara a cara 16
    Sintonízate con el lenguaje corporal 18
    Aprendiendo a ser un buen oyente 20
    Procura ser claro con lo que dices 23
    Caricias mientras hablas 25
    La importancia de comprometerse con una buena comunicación 26
    Cómo comunicarse mejor 30
    Cómo escuchar mejor 37

3 Cómo resolver conflictos de pareja 41
    1. Valoración verbal 44
    2. Aprecia las diferencias 45
    3. Aprendiendo a negociar 47
    4. Creciendo juntos 54

4 Cómo mantener viva la llama del amor en tu relación 57
    Paso 1: Acaba con las rutinas aburridas 60
    Paso 2: Cómo percibes a tu pareja todos los días 61
    Paso 3: Entender las expectativas ocultas 64
    Paso 4: Vuelve a elegir a tu pareja 67

5 Satisfacción en el dormitorio: Cómo condimentar tu vida sexual 71

    Fundamentos de la satisfacción 73
    Arregla una cita nocturna 74
    Sorprende a tu pareja con gestos románticos.................... 75
    Aprende el arte de la seducción 76
    Sé espontáneo 78
    Aprende a experimentar... 80
    Los beneficios de una buena vida sexual en tu pareja 81

ANEXO - 97 Pasos para una Relación Feliz 83

Conclusión.. 127

Más libros de interés 131

Prefacio

Aunque puede parecer más bien una función básica, la mayoría de los problemas en la pareja hoy en día son causados por una mala comunicación. Las parejas experimentan que a menudo es difícil simplemente comunicarse de forma verbal dentro del perímetro del matrimonio. La mayoría de los matrimonios modernos encuentra que en lugar de una comunicación efectiva tienden a pelearse, y esto por supuesto no es saludable para el ejercicio de la comunicación ni tampoco para un buen matrimonio.

En este libro veremos todo lo que tiene que ver con la buena comunicación en la pareja, los problemas más comunes que enfrentan las parejas en cuanto a la falta de comunicación y encontrarás también algunos buenos consejos sobre cómo mejorar la comunicación en el matrimonio.

Primeramente será necesario analizar los obstáculos que entorpecen la comunicación efectiva dentro de tu matrimonio. Aprenderás a reconocer los filtros negativos para poder eliminarlos, como así también los cinco malos hábitos más comunes. En esta sección hay varios ejercicios prácticos que te ayudarán a reconocerlos rápidamente.

Descubrirás diez formas de comunicarse de manera efectiva, los fundamentos de la buena comunicación, como así también los signos corporales más populares del lenguaje que puedes utilizar con el fin de poder ver hacia dónde va la conversación.

Consideraremos algunas características principales de la persona que sabe escuchar para que puedas ser un buen oyente. Veremos las cosas que debes hacer como también las que no a la hora de escuchar a tu pareja.

Leerás un impresionante testimonio de la vida real sobre cómo un matrimonio logró conocerse mejor justo antes de una posible separación.

En el siguiente capítulo veremos cómo resolver los conflictos de pareja. Analizaremos algunas de las razones más comunes para empezar la mayoría de las peleas y los argumentos, y conocerás a continuación qué se necesita para manejar efectivamente cualquier conflicto que surja en la relación.

Una de las secciones más importantes es la que te enseña a negociar con tu pareja. Aprenderás, además, seis pasos prácticos para la resolución de conflictos, los cuales ayudarán a mantener la paz en tu hogar.

A continuación descubrirás cómo mantener viva la llama del amor en tu relación, acabar con las rutinas aburridas y reconquistar a tu cónyuge. En esta sección también he incluido algunos ejercicios prácticos para reavivar el amor romántico y un testimonio real de una pareja que volvió a elegirse.

El siguiente capítulo trata sobre la satisfacción en el dormitorio, es decir, cómo condimentar tu vida sexual. Aprenderás varias y diferentes maneras para reavivar el fuego de la pasión sexual en tu relación.

Finalmente, he incluido un anexo titulado "97 Pasos para una Relación Feliz", el cual incluye casi cien métodos para construir, consolidar y mejorar tu relación, los cuales practicados día a día sumarán en gran manera para tener un matrimonio feliz.

1

Analizando los obstáculos

Meredith, de 30 años, ha estado casada con Ralph, de 32, durante más de seis años. Ella es una mujer que se queda en casa todo el día y él es un ejecutivo de negocios de renombre. El trabajo de Ralph lo ha mantenido tan ocupado que realmente piensa que no tiene tiempo para iniciar una familia. Sus frecuentes viajes de negocios lo han mantenido fuera de casa durante varios días, e incluso semanas a la vez. Al igual que un típico adicto al trabajo, Ralph ha cometido el mismo error de muchos maridos que desean progresar en su trabajo y escalar en su profesión: descuidó a su esposa.

Esta situación ha hecho que Meredith crea que Ralph realmente se ha casado con su carrera y no con ella. Meredith y Ralph estuvieron luchando más que nunca antes y ya era bastante obvio que había un problema serio con su matrimonio. Ella lo acusaba de ser frío e indiferente, y él la acusaba de ser una "criticona." Todos sus problemas maritales les han causado un enorme estrés y no poca ansiedad.

Aparte de problemas financieros, infidelidad, y problemas con los suegros, muchos matrimonios sufren de la simple falta de comunicación. Al igual que Meredith y Ralph, muchas parejas no logran resolver sus problemas a tiempo. Como resultado de ello, las parejas viven la vida aún más separadas y tienen que enfrentar cada día el enojo y la frustración que esto conlleva. En vez de hablar unos con otros como adultos, muchas parejas recurren a la retirada (se van del lugar cuando la conversación se torna tensa) o deciden utilizar el famoso "tratamiento del silencio" (no hablar de ello).

En muchos casos, las parejas ya han desarrollado su forma de comunicarse en función de cómo se comunicaban sus padres entre sí. Una persona que se crió con padres que constantemente peleaban tiene la tendencia a ser demasiado polémico. Una persona que fue criada por padres que se ignoraban el uno al otro cada vez que tenían problemas puede tener la tendencia a ignorar a su pareja y hacer caso omiso a sus propios problemas en el matrimonio.

Se dice que se necesitan dos para bailar el tango y que también se necesitan dos para discutir. Pero muchos matrimonios terminan en separación o divorcio precisamente porque la pareja aún evade las peleas y sólo opta por ignorar el problema. Si los dos eligen el "tratamiento del silencio", lo único que viene como consecuencia es desaprovechar una muy buena oportunidad para dialogar y con suerte resolver ese problema. En vez de eso, este tipo de parejas sólo intercambian acusaciones e incluso se lanzan improperios el uno contra el otro.

Muchas mujeres se quejan de que los hombres son muy fríos,

indiferentes e insensibles a sus necesidades y a los problemas que afectan a su relación. Dicen que los hombres pasan demasiado tiempo en la oficina y descuidan sus deberes como esposos y padres. Las mujeres se sienten frustradas cuando los hombres van a casa sólo para pasar el tiempo delante de la televisión o salir a tener borracheras con sus amigos.

Los hombres, por su parte, se quejan de que las mujeres son muy bulliciosas, celosas, y que se quejan por todo. Entonces, ¿qué pueden hacer tanto hombres como mujeres para resolver estos problemas maritales? El primer paso que cualquier pareja debe tomar es mejorar la forma en que se comunican entre sí.

Para ello primero es necesario analizar los obstáculos que entorpecen la comunicación efectiva dentro de tu matrimonio.

Tienes que tener en cuenta que muchas personas no han aprendido, a lo largo de su vida, a compartir y decirle a otros cómo se sienten y qué es lo que piensan.

Dependiendo de cómo ha vivido su etapa de niñez y adolescencia, una persona tal vez haya adoptado el esconder sus sentimientos como algo normal.

Volver a hablar de los sentimientos, gustos y aversiones puede ser un aprendizaje que requiere valor y coraje, como asimismo práctica diaria y constante.

Hay algunos patrones mentales negativos que alguno de los cónyuges puede llegar a adoptar a la hora de hablar de algún tema en específico. Puede llegar a pensar de la siguiente manera:

"No le interesará"

"Puedo ser malinterpretado"

"Tengo que demostrar que soy fuerte en esta situación"

"No seré capaz de explicarme claramente"

"No sé por dónde empezar"

"Puedo parecer débil"

"Quizá se enfade"

"No lo quiero preocupar"

"No es tan importante"

"Es complicado explicarlo"

"Tal vez se ría de mí"

Todas estas maneras de pensar deben ser eliminadas, pues no ayudan a una comunicación efectiva.

El autor del libro "Los Siete Hábitos de la Gente Altamente Efectiva", Steven Covey, dijo: "si pudiera resumir en una sola expresión el principio más importante que he aprendido en el campo de las relaciones interpersonales, sería: Busque primero comprender, y después ser comprendido."

Es sólo al escuchar a nuestro cónyuge cuando realmente podemos comprenderlo. ¿Todavía te andas quejando por ahí de que no puedes entender a tu pareja? Pues entonces siéntate a escucharla. Tú tienes toda la capacidad para que tu pareja se sienta valorada y amada con sólo escucharla de verdad.

Los dos deben comprender que en la comunicación efectiva no hay datos innecesarios. Lo que sí hay que tener en cuenta es que cuando escuchamos lo hacemos con filtros, pues todas las personas, a medida que escuchan, lo hacen involucrando sus recuerdos, prejuicios, crianza, educación, actitudes y muchos otros factores.

Una comunicación eficaz es la que reconoce estos filtros y puede eliminarlos. Debido a esto es que debemos eliminar los malos hábitos, especialmente cuando nos toca escuchar al otro. Los cinco malos hábitos más comunes son:

1. Tranquilizar al otro. Frases hechas como "ya pasará", "todo va a salir bien" y otras por el estilo rara vez ayudan. Si adoptas el hábito de ser positivo y optimista en todo, tu pareja se verá frustrada a la hora de compartir sus dudas, problemas y cualquier otro sentimiento negativo.

2. Dar consejos. El consejero usualmente es muy rápido para dar su punto de vista y buscarle una solución rápida al tema que se está tratando. El problema aquí es que la otra persona tal vez no quiere una salida a su inconveniente, sino ser escuchada y comprendida.

3. Racionalizar. Este tipo de persona busca una explicación a lo que está sucediendo. Por ejemplo, si le comentas que no te sientes bien desde ayer a la noche porque comiste algo que te cayó muy pesado, te dirá que no tendrías que comer ni esto ni lo otro. Tal vez te cite los últimos estudios científicos sobre el tema y te ayude a buscar información en el Internet.

No está mal compartir información con la otra persona, especialmente si sabemos de algo que el otro desconoce, lo que está mal con este tipo de actitudes es que no estás escuchando los sentimientos de tu pareja.

4. Salirse por la tangente. Estás contando algo que te pasó ese día, y cuando por fin vas a rematar la historia y contar el final, tu pareja dice "¡Ah, sí! A mí también me pasó una vez que…" y tu historia queda incompleta, debiendo escuchar otra vez el monólogo de tu compañero.

5. Interrumpir. Tal vez uno de los malos hábitos más comunes y más perjudiciales, la interrupción. En el caso de los hombres, si es la mujer la que interrumpe, esto hace que, sobre que la historia no abunda en detalles, sea más corta aun, porque el otro se inhibe y piensa que no tiene caso, ya que no puede avanzar con lo que estaba relatando. Lo mejor siempre es esperar a que termine la otra persona y luego preguntar lo que no quedó claro o lo que se necesita ampliar.

Ejercicio 1: Identifiquen sus malos hábitos a la hora de la comunicación. Toma unos minutos con tu pareja para identificar los malos hábitos, tanto los tuyos como los de tu cónyuge. Hablen sobre ello.

Sólo cuando puedes reconocer tus malos hábitos es que puedes comenzar a cambiar. Si tú cambias, tu matrimonio también lo hará. Nunca dudes de que puedes hacerlo. Tú sí puedes aprender el arte de escuchar efectivamente, pero recuerda que toma su tiempo, al que debes añadirle esfuerzo y práctica.

Ejercicio 2: Tómate algunos minutos para contarle a tu pareja algún grato recuerdo que tengas de antes de haberlo conocido. Los dos hagan esto, una vez cada uno. Luego, quien haya estado escuchando deberá brindar un resumen describiendo los sentimientos vividos por la otra persona. De esta manera demostrará que estuvo escuchando y sabrás si generó empatía con lo que el otro tuvo oportunidad de sentir.

A continuación voy a darte algunos consejos prácticos que pueden mejorar tus habilidades de comunicación en el matrimonio. Luego de esto veremos más en detalle cómo funciona la comunicación en el matrimonio y cómo hacer que mejore para una mejor relación de pareja:

10 formas de comunicarse de manera efectiva

1. No insultes ni tampoco amenaces.

2. No interrumpas cuando tu pareja todavía esté hablando.

3. No domines el debate ni tampoco permanezcas en el mismo tema o problema en cuestión.

4. Escucha y presta atención a lo que el otro está diciendo.

5. Respeta a tu pareja y prepárate para hacer cambios en tu manera de pensar, sentir y comportarte.

6. Evita mencionar errores del pasado y antiguos resentimientos.

7. No des por sentado algunas cosas que piensas que sabes acerca de tu pareja. Deja de suponer y pregunta cómo se siente y qué piensa al respecto.

8. Ni se te ocurra pensar que siempre tienes la razón en una discusión.

9. Trata de solucionar el conflicto antes que explote. Intenta hablar del tema.

10. Sé honesto y reconoce que es muy importante cómo se siente tu pareja.

2
Cómo lograr una comunicación efectiva

"En última instancia el vínculo de toda compañía, ya sea en el matrimonio o en la amistad, es la conversación." Oscar Wilde

Muchas parejas olvidan que un simple piropo o pequeños actos de amor y bondad durante el día pueden hacer maravillas en su matrimonio. Un cálido abrazo o simplemente escuchar atentamente a tu cónyuge pueden traer consigo paz, amor y respeto en su relación. De hecho, una de las claves para un matrimonio duradero es la comunicación efectiva. Con suficiente tiempo y mucha paciencia, cualquier pareja en problemas puede revivir su matrimonio.

En este capítulo veremos un poco más en detalle este tema de la comunicación efectiva en el matrimonio.

Fundamentos de la Comunicación

Aprender a comunicarse de manera eficaz y sin ninguna connotación negativa te ayudará a crear una plataforma ideal para que ambas partes se sientan cómodas dentro de la relación afectiva. Los siguientes son algunos comportamientos básicos que puedes adoptar o evitar en algunos casos, con el fin de ser capaz de establecer un tipo de comunicación eficaz dentro de la relación:

Primero que todo, evita usar el "tratamiento del silencio." Como vimos anteriormente, esto nunca funciona y ciertamente no ayuda a la situación en absoluto.

Una encuesta hecha a más de dos mil estadounidenses en el año 1997 encontró que el 67% admitió haber usado el tratamiento del silencio, es decir, deliberadamente no hablar con una persona o un ser querido en su presencia. El porcentaje era ligeramente superior (75%) para aquellos que indicaron que habían sido objeto del tratamiento del silencio por parte de otra persona. La encuesta mostró que este tipo de actitud era utilizado tanto por hombres como mujeres como una reacción para terminar con aquellos comportamientos de su pareja que les molestaban.[1]

Sea cual sea el problema que causó esta actitud de no hablarse, en algún momento tendrán que sentarse a platicar sobre el tema. Hombres y mujeres responden a este tratamiento de una manera diferente. Las investigaciones muestran que las mujeres se esfuerzan por recuperar la atención, mientras que los hombres no muestran ninguna reacción después de un cierto período de tiempo. Los siguientes son algunos de los puntos simples que

---

[1] Fuente: "El ostracismo: El Poder del Silencio", de Kipling D. Williams, PhD. (2002) Páginas 9-10.

pueden ser muy útiles en el tratamiento de la conducta silenciosa de la persona y minimizar el dolor, especialmente cuando estás en el extremo receptor:

- Trata de averiguar qué es exactamente lo que está mal entre ustedes. Si sabes qué error has cometido y si eres culpable, entonces pide disculpas. No esperes a que la otra persona rompa su silencio.
- Mantén tu ego a un lado. El verdadero amor es más fuerte que el orgullo, pues se niega a sí mismo con el fin de fortalecer la unión de la pareja. El ego puede romper una hermosa relación.
- Mientras más se prolongue el silencio más te costará resolver el conflicto. No esperes mucho tiempo para resolverlo.
- Tómense un momento para hablar de la situación sin herir los sentimientos de tu pareja e intenta también ver las cosas desde su perspectiva.

Yo personalmente nunca he utilizado este tratamiento contra nadie, pero he estado en el lado receptor un montón de veces, y créeme que es muy feo y doloroso ver que la persona que amas te ignora. Por eso creo que hablar y dialogar con respecto a los problemas es mucho más útil que simplemente darle la espalda a tu pareja y no hablar del tema.

Por lo tanto, si estás pasando por esta situación, recomiendo tomarse la molestia de comunicar con claridad y eficacia lo que piensas que está sucediendo, de esta manera ambas partes estarán al tanto de la verdadera causa de la horrible situación actual y serán capaces de avanzar de una manera productiva y positiva para encontrar la solución.

Aprender a comunicarse con respeto hacia los demás es una actitud muy importante en el ejercicio de la comunicación. Hacer comentarios desagradables y degradantes sólo contribuirá negativamente a una situación de por sí desagradable.

Siempre que hablo de este tema recuerdo un chiste que me contaron hace mucho: Un hombre y su esposa estaban teniendo problemas en su matrimonio y los dos habían decidido no hablarse, estaban dándose el tratamiento del silencio el uno al otro.

Al día siguiente el hombre se dio cuenta de que necesitaba que su esposa lo despierte a las 5 de la mañana porque tenía un vuelo temprano con destino a Sídney. No queriendo ser el primero en romper el silencio, escribió en un pedazo de papel: "Por favor, despiértame a las 5 am."

A la mañana siguiente el hombre despertó, pero se dio cuenta que eran las 9 de la mañana y que había perdido su vuelo.

Furioso y sumamente alterado, se fue a ver por qué su esposa no lo había despertado, cuando de repente encontró una hoja de papel sobre la cama. Decía: "Son las 5 de la mañana, despierta."

Recuerda que el intentar hacer daño a la otra persona tanto como sea posible puede parecer satisfactorio en ese momento, pero rara vez es una buena solución a largo plazo e incluso podría dañar la relación más allá de lo que crees.

Tómate el tiempo para comunicarte cara a cara

Debido al estilo de vida de la mayoría de las personas es muy normal hoy en día comunicarse por otros medios de comunicación que no sean verbales cuando tiene que ver con la relación matrimonial. Chat, emails, mensajes de texto y afines pueden lograr que nuestra comunicación verbal cotidiana se limite al buenos días y buenas noches, y eso sin duda augura un desastre.

Los siguientes son algunos consejos que indican cómo asegurarse que la comunicación verbal sea una parte vital del intercambio dentro de los límites de un matrimonio sano y feliz:

Apartar un momento específico para centrarse en la comunicación verbal es a veces muy necesario para que la pareja sea capaz de mantener un cierto nivel de intimidad a través del ejercicio de la comunicación.

El tiempo asignado da a ambas partes la oportunidad de expresar sus opiniones, hablar desde el corazón y hacer que la conversación se vuelva agradable y amena.

Si apartas este tiempo, crearás una atmósfera cómoda y acogedora, sin ningún tipo de distracciones, y te ayudará a mantenerte centrado en tu pareja para que puedas escuchar lo que se está diciendo.

Prepararse uno mismo para ser capaz de comunicarse de una manera no combativa es también muy importante. Si te tomas la molestia y el esfuerzo de amar y promover la comunicación descubrirás que esto animará a tu pareja a ser más receptivo a lo que se está discutiendo.

Usar términos cariñosos y hablar palabras de ánimo también ayudará a facilitar una mejor reciprocidad. Mantener el intercambio verbal amable y cariñoso permitirá que puedan lograr más cosas.

Escuchar también es parte de estar totalmente inmerso en la forma verbal de la comunicación.

Sin la capacidad de escuchar, las dos partes no serán capaces de comprenderse mutuamente cuando estén dialogando y no se logrará el resultado positivo al que desean llegar juntos. La capacidad de escuchar a la otra persona muestra una clara actitud de respeto.

Sintonízate con el lenguaje corporal

A veces es necesario ser capaz de leer el lenguaje corporal de la otra persona para entender mejor lo que está sucediendo. Esto sin duda te llevará a descubrir la mejor forma de hacerle frente a cualquier situación que estén atravesando. Aprender a leer los diferentes signos corporales también le permitirá a cada uno comprender e interpretar mejor los deseos del otro y sus necesidades. En consecuencia podrán trabajar para adaptarse a ellos en la medida de lo posible.

Los siguientes son algunos signos corporales muy populares del lenguaje que se pueden utilizar para alertar a la otra persona en cuanto a lo que está ocurriendo con el fin de poder ver hacia dónde va la conversación:

ACTO	LO QUE REFLEJA
Acariciarse la quijada	Toma de decisiones
Entrelazar los dedos	Autoridad
Dar un tirón al oído	Inseguridad
Mirar hacia abajo	No creer en lo que se escucha
Frotarse las manos	Impaciencia
Apretarse la nariz	Evaluación negativa
Golpear ligeramente los dedos	Impaciencia
Sentarse con las manos agarrando la cabeza por detrás	Seguridad en sí mismo y superioridad
Inclinar la cabeza	Interés
Palma de la mano abierta	Sinceridad, franqueza e inocencia
Caminar erguido	Confianza y seguridad en sí mismo
Pararse con las manos en las caderas	Buena disposición para hacer algo
Jugar con el cabello	Falta de confianza en sí mismo e inseguridad
Comerse las uñas	Inseguridad o nervios
La cabeza descansando sobre las manos o mirar hacia el piso	Aburrimiento
Unir los tobillos	Aprensión
Manos agarradas hacia la espalda	Furia, ira, frustración y aprensión
Cruzar las piernas, balanceando ligeramente el pie	Aburrimiento
Brazos cruzados a la altura del pecho	Actitud a la defensiva
Caminar con las manos en los bolsillos o con los hombros encorvados	Abatimiento
Manos en las mejillas	Evaluación
Frotarse un ojo	Dudas
Tocarse ligeramente la nariz	Mentir, dudar o rechazar algo

Los ojos cerrados y la rigidez en el cuello y en los hombros generalmente representan a un individuo que está muy molesto o que realmente no está contento con algo.

El descubrir estas señales es muy útil, ya que al advertirlas podemos ayudar con eficacia a calmar cualquier situación antes de que se salga de las manos. También es útil puesto que podríamos desviar la atención de la persona a algo que sea más agradable y menos molesto.

Al hablar de algo que relaje a la persona experimentando esa negatividad estarás fomentando un mejor estado de ánimo.

Cabe señalar que no todas las señales corporales son negativas. Cuando tu pareja está en un estado de ánimo sexy o apasionado también hay algunos movimientos corporales sutiles y no tan sutiles del lenguaje que permiten a la otra persona responder en consecuencia si así lo desea.

Reconocer los diferentes tipos de lenguaje corporal es muy importante, ya que te ayudará a interpretar mejor lo que tu pareja quiere decir y con esos datos actuar en consecuencia. Por supuesto, esto aumentará el modo de comunicación a una experiencia más profunda y satisfactoria.

Aprendiendo a ser un buen oyente

Aprender a ser una persona que escucha a los demás sin duda tiene sus ventajas, y además este tipo de personas son vistos como muy cariñosos y considerados.

Realmente vale la pena aprender esta cualidad y poner esfuerzo en lograrlo, ya que la mayoría de las personas aprecian más a un buen oyente que a un buen conversador.

Creo que por eso Sir Winston Churchill, político y hombre de estado británico, dijo: "Valor es lo que se necesita para levantarse y hablar; pero también es lo que se requiere para sentarse y escuchar."

La mayoría de las personas piensan que tanto oír como escuchar son nada más que sinónimos, pero en realidad son conceptos totalmente diferentes, ya que escuchar es un don que muy pocos saben cultivar. De seguro ya sabes que las estadísticas indican que más de la mitad de los matrimonios acaban en divorcio, pero ¿sabes por qué razón terminan así? La razón número uno de separaciones en todo el mundo es la mala comunicación en la pareja.

La habilidad de discutir las discrepancias en uno de los principales indicadores de una relación exitosa, ya que el saber escuchar permite resolver el conflicto con mayor facilidad.

Hay que tener mucho cuidado de no ser como ese matrimonio que estaba en una fiesta conversando con unos amigos cuando surgió el tema de la terapia de pareja. La mujer dijo: "Oh, nosotros nunca lo necesitaremos. Mi esposo y yo tenemos una gran relación. Él ha estudiado comunicaciones en la universidad y yo me especialicé en artes teatrales, así que Él se comunica muy bien y yo simplemente actúo como si estuviera escuchando."

Como mencioné antes, oír y escuchar son dos cosas diferentes. La primera es una actitud que capta una sucesión de palabras o sonidos, mientras que la segunda implica el hecho de prestar suma atención al flujo de información recibido.

El primer paso para ser un buen oyente es entender que el escuchar de ninguna manera es una actividad pasiva. Tampoco es una actividad neutral y nada más.

De hecho los buenos oyentes son capaces de llegar a buenas

soluciones viables, ya que son capaces de entender y respetar los diversos factores que contribuyen a la situación particular que se discute.

Desarrollar la habilidad de ser capaz de escuchar con atención también permite al individuo percibir las cosas que no están realmente siendo verbalizadas y que sin embargo son lo suficientemente importantes como para prestarles atención.

Muchas veces, estos bits de información no expresados puede ser más reveladores que lo que realmente se dijo a través de la conversación, y cuando estos bits de información permiten al que escucha actuar de una manera que es a la vez relajante y útil para el que habla, se pueden experimentar una gran cantidad de efectos positivos.

Considera a continuación algunas características de la persona que sabe escuchar:

- Muestra interés obvio por lo que le están contando (no está pendiente de sí mismo, del móvil o de quién pasa por al lado)
- Se centra en oír al interlocutor (no le interrumpe, respeta el ritmo "de narración" de quien habla)
- No se preocupa por mostrar preocupación, inteligencia o agudeza (no hace declaraciones o preguntas para destacar su "yo", quiere conocer el "yo" y las circunstancias de quien habla).
- Mira a los ojos y la cara de quien habla (no está pendiente de si lleva puesto tal o pascual)
- Formula preguntas pertinentes y/o asiente con la cabeza.
- No se impacienta. Si no tiene tiempo para hablar en ese momento, lo dice claramente.
- No interrumpe para contar "su historia" al respecto y asumir protagonismo.

Los buenos oyentes son por lo general personas capaces de convertirse en gente sabia con el tiempo. Escuchar requiere un cierto nivel de reserva y por lo tanto permite al buen oyente la oportunidad de reflexionar sobre el asunto que está escuchando antes de emitir algún juicio o dar alguna respuesta.

Como dijo Johann Kaspar Lavater, un escritor, filósofo y teólogo protestante suizo que hablaba muy bien el alemán: "Si quieres ser sabio, aprende a interrogar razonablemente, a escuchar con atención, a responder serenamente y a callar cuando no tengas nada más que decir."

Procura ser claro con lo que dices

A veces las palabras se utilizan mal, o tal vez con el tono equivocado, y esto puede crear una situación que de otro modo se podría haber evitado. Por lo tanto, si de verdad deseas que tu pareja entienda lo que quieres decir, tienes que ser lo más preciso posible con lo que verbalizas.

A veces es necesario mostrar seguridad, tanto en forma y elección de las palabras, para que el oyente nos tome en serio. Sin ser tosco o desagradable, es posible afirmar lo que se está verbalizado para que no sea pasado por alto como algo sin importancia.

Ser claro en afirmar las propias necesidades y deseos es también algo que se debe fomentar dentro de una relación saludable, ya que esto le dará a ambas partes la oportunidad de aprender y respetar la manera de pensar y la percepción de las cosas que tiene la otra persona.

Una de las herramientas que me ha ayudado bastante al estudiar el tema de la comunicación en el matrimonio es este pequeño cuadro que ilustra las cosas que debes hacer como también las que no a la hora de escuchar a tu pareja:

Hacer	NO Hacer
Eliminar las distracciones y procurar hacer contacto visual con el orador.	Mirar tan intensamente que pones incómodo al orador.
Asentir o utilizar otras señales corporales para mostrar que estás escuchando.	Interrumpir o cambiar de tema.
Mostrar empatía.	Compartir tus propias historias relacionadas a menos que te lo pidan.
Escuchar objetivamente mientras la persona está hablando.	Planear tu propia respuesta cuando están hablando y en consecuencia no escuchar todo.
Seguir la dirección de la persona que habla acerca de cuánto desea hablar sobre el tema.	Presionar, u obligar a que el orador divulgue cosas que son demasiado personales.
Repetir los puntos del orador, si es necesario, para asegurarte de que entiendes correctamente.	Continuamente repetir lo que dijo el orador, palabra por palabra.
Formular preguntas para ayudarle al orador a pensar en posibles alternativas.	Ofrecer tus propias opiniones, a menos que tengas experiencia que ayudará a brindar una solución.
Animar al orador y mostrarte optimista.	Ser realista y ofrecer falso entusiasmo.
Transmitir seguridad en tu lenguaje corporal	Repetir a cualquiera lo que te dijeron en secreto.

Cuando se trata de comunicar algo sería aconsejable mantener las emociones bajo control y también de hablar con claridad y firmeza sin necesidad de levantar la voz. Como dijo Leonardo da Vinci, artista italiano, inventor y filósofo: "Quien de verdad sabe de qué habla, no encuentra razones para levantar la voz."

El respeto es algo que es muy importante practicar cuando deseas comunicar lo que sientes, ya que las personas que no pueden ganarse el respeto de los demás no serán tomadas en serio en absoluto.

Caricias mientras hablas

La mayoría de los seres humanos necesitan ser tocados, especialmente dentro del perímetro de una relación sana y feliz. Sin ese factor físico emotivo e importante que se ejerce constantemente, ambas partes sentirán el ingrediente que falta, lo que podría llevar a resultados perjudiciales.

Tocar y ser tocados es algo que en cada relación sana se debe experimentar a diario y tan frecuentemente como sea posible. La necesidad de tocar y ser tocado es muy primitiva y básica, y acariciarse mutuamente no sólo los unirá físicamente sino también emocional y sentimentalmente.

Se debe entender que no todas las caricias deben llevar indefectiblemente a la actividad sexual, ya que en el marco de la buena comunicación esto no sería saludable.

El acto de tocar y de mostrar afecto a través de las caricias debe hacerse ante todo como una forma de expresar el amor, la intimidad, el bienestar, la felicidad y las otras connotaciones positivas que son saludables para las relaciones.

Un gesto de amor físico puede decir más que las palabras que hablamos todos los días. Muchas personas responden bien al contacto físico, siempre y cuando no exista una connotación sexual en el mismo, a menos que esas caricias estén destinadas a algo más.

La mayoría de la gente simplemente no es consciente de los enormes beneficios que un simple toque puede transmitir, por lo que a menudo cometen el grave error de no incorporar esas expresiones cariñosas en la vida cotidiana dentro de una relación.

La mayoría de los matrimonios que están al borde del colapso por lo general coinciden en el hecho de que no existe el contacto físico en su relación a menos que quieran tener sexo.

Qué tristeza que tantas parejas vivan su vida sin ninguna demostración física de cariño, compañerismo y amistad. El tocarse mutuamente sin una connotación sexual dice mucho acerca de los sentimientos de amor y proximidad en la relación de pareja.

En cuanto a la comunicación, es muy útil el acariciar a tu pareja para ayudarle a relajarse. Además, ese simple cariño le demuestra que estás siendo más receptivo a lo que se está diciendo.

La importancia de comprometerse con una buena comunicación

Con el fin de tener un matrimonio fuerte y saludable es necesario poner la cantidad apropiada de esfuerzo en el proceso de construcción de una excelente relación de pareja. No es fácil. Este proceso de construcción es por lo general un esfuerzo continuo que no debe darse por sentado.

Un compromiso con la buena comunicación permitirá a la pareja resolver los problemas antes de que se salgan fuera de control.

Las habilidades para una buena comunicación le permitirán a ambas partes exponer sus puntos de vista individuales sin tener que recurrir a medidas agresivas y contraproducentes tales como insultos verbales, acusaciones y otras expresiones negativas.

Ser capaz de perfeccionar el arte de la conversación será sin duda mutuamente beneficioso y ayudará a la pareja a estar preparados para esos momentos cuando surjan los "enfrentamientos", ya que la capacidad adquirida de llevar una buena conversación les ayudará a mantenerse centrados en resolver el conflicto de la manera más amistosa.

El compromiso con la buena comunicación también ayudará a ambas partes a explorar y encontrar soluciones adecuadas lo antes posible, en lugar de aferrarse al problema.

Al hacer esto, el problema puede ser contenido y hay menos posibilidades de que se salga de las manos y genere tensión en ambos.

Me gustaría compartir un maravilloso testimonio de la vida real. La autora del mismo relata lo siguiente: "Mi marido es un ingeniero de profesión, al cual amo por su naturaleza constante, y me encanta la sensación de calor cuando me apoyo en sus anchos hombros.

Tres años de noviazgo y ahora, dos años después del matrimonio tengo que admitir que me estoy cansando de estar con él. Todas las razones que tenía para amarlo antes, ahora se han transformado en la causa de toda mi intranquilidad.

Soy una mujer sentimental y extremadamente sensible cuando se trata mi relación y mis sentimientos. Anhelo esos momentos románticos tanto como una niñita anhela sus dulces. Mi marido es todo lo opuesto, su falta de sensibilidad y la imposibilidad de traer momentos románticos a nuestro matrimonio me ha desanimado mucho sobre el amor.

Un día, finalmente decidí contarle mi decisión, la cual era que quería el divorcio.

"¿Por qué?", me preguntó sorprendido. "Estoy cansada, y a veces simplemente no hay razones para todo en la vida", le contesté muy amargamente. Se mantuvo en silencio durante toda la noche, parecía estar sumido en profundos pensamientos, e iba de acá para allá con un cigarrillo encendido en todo momento.

Mi sentimiento de decepción sólo aumentó, porque yo veía a un hombre que ni siquiera se podía expresar en este tipo de situación extrema, ¿qué más podía esperar de él? Hasta que por fin, y casi al finalizar el día, me preguntó: "¿Qué puedo hacer yo para que cambies de opinión?"

Alguien dijo, y con mucha razón, que es muy difícil cambiar la personalidad de alguien, y supongo que había empezado a perder la fe en él. Pero mirándolo profundamente a los ojos, lo pensé otra vez y le respondí: "Pues tengo una pregunta, si la puedes responder para convencer mi corazón, entonces voy a cambiar de opinión. Digamos que quiero una flor que se encuentra en el lado más difícil de una montaña, de cara a un acantilado muy profundo, y ambos sabemos que si consigues esa flor de seguro morirás, ¿todavía lo harías por mí? Recuerdo que me siguió mirando, y con total tranquilidad me dijo: "Te daré la respuesta mañana." Todas mis esperanzas simplemente se hundieron a lo más hondo al escuchar su respuesta.

Me desperté a la mañana siguiente sólo para encontrar que se había ido, pero al levantarme vi un pedazo de papel escrito con su letra desprolija debajo de un vaso de leche, en la mesa del comedor cerca de la puerta principal. Decía lo siguiente: "Querida mía, yo no escogería esa flor para ti, pero permite que te explique las razones del por qué…" Al leer esa primera línea ya sentía que mi corazón se rompía de a poco, pero seguí leyendo.

"Cuando utilizas el computador siempre estropeas los programas de software, y te pones a llorar frente a la pantalla, así que necesito mis dedos para ayudarte a restaurar todos los programas. Cuando sales siempre te dejas las llaves de la casa, por lo tanto necesito mis piernas para correr a abrirte la puerta. Te encanta viajar, pero siempre te pierdes en el camino hacia alguna nueva ciudad, así que necesito mis ojos para mostrarte el camino. Siempre tienes calambres cuando ese día del mes se acerca, así que necesito mis manos para hacerte unos suaves masajes en tu pancita.

Te gusta quedarte en casa, y me preocupa que se te pegue el autismo infantil, así que necesito mi boca para contarte chistes e historias que puedan despejar tu aburrimiento. Siempre miras muy fijamente la computadora, y eso de seguro no le hará nada bien a tu vista, por lo que necesito mis ojos para que cuando nos hagamos viejos yo pueda ayudarte a recortar tus uñas, y ayudarte a eliminar esos molestos pelos blancos.

De esta manera también podré tomar tu mano mientras paseamos por la playa, mientras disfrutamos del sol y la hermosa arena, y podré decirte el color de las flores, como así también disfrutar tu bello rostro alumbrado por la luz del atardecer. Por eso, amada mía, a menos de que esté seguro que exista alguien que te ama más que yo, no podría recoger esa flor y morir…"

Mis lágrimas caían sobre la carta, y borraban la tinta de su puño y letra, pero seguí leyendo: "Ahora que has terminado de leer mi respuesta, si estás satisfecho, por favor abre la puerta, porque yo estoy de pie afuera con tu pan favorito y leche fresca."

Me apresuré a abrir la puerta, y vi su rostro ansioso, agarrándose bien fuerte de la bandeja donde estaba la botella de leche y el pan.

Ahora estoy muy segura de que nadie me va a amar tanto como él lo hace, y he decidido dejar la flor en el risco en su lugar. Así es la vida y el amor. Cuando uno está rodeado por el amor, el sentimiento de entusiasmo se desvanece, y uno tiende a ignorar el verdadero amor que se encuentra en medio de la paz y la torpeza del día a día.

El amor se manifiesta de muchas formas, incluso de maneras

muy pequeñas y casi invisibles. Comprendí que las flores y los momentos románticos sólo se utilizan y aparecen en la superficie de la relación. Debajo de todo esto el pilar del verdadero amor está presente, y eso es nuestra vida. Amor, y no palabras que ganen argumentos."

Hemos visto varias razones por las cuales es muy importante comprometerse a tener una buena plataforma de comunicación dentro de un matrimonio.

Personalmente creo que el pilar de la comunicación es uno de los más importantes para mantener el matrimonio vivo y en buena salud. Ser capaz de tener una buena conversación con los demás es muy refrescante y saludable. Pero lo es aún más a medida que el matrimonio avanza en años y ya no hay distracciones, como los niños y puestos de trabajo que ocupen tu tiempo.

Cómo comunicarse mejor

En su libro "Cómo ganar amigos e influenciar a las personas en el siglo 21", el autor, Josué Rodríguez, comparte algunas actitudes claves a la hora de la comunicación efectiva:

1. Estar atento. Durante cualquier que tengas con una determinada persona, uno de los hábitos más cruciales es estar muy atento a lo que te están diciendo.

No se trata únicamente de recolectar información; en realidad estás averiguando más acerca de la persona con la cual estás hablando. Al escucharla te puedes formar una idea más clara acerca de cómo es esa persona.

Pero lo más importante es que escuchar con atención lo que las personas están diciendo es señal de cortesía y educación. Si te están contando algo acerca de ellos mismos, entonces es necesario que lo escuches bien para posteriormente hagas comentarios al respecto. Es muy significativo que hagas sentir importantes a los demás. Si quieres impresionar a las personas (y en este caso tu pareja), entonces ésta es la manera de hacerlo. Procura que el otro sepa que estás escuchando lo que dice y que también estás prestando atención a ello.

Durante la conversación, préstales atención. No te distraigas con otras cosas, y no cambies de tema cuando están hablando de algo en particular. Cuando alguien está hablando contigo no es el momento de revisar tu teléfono móvil por mensajes o llamadas perdidas. Te darás cuenta de que mostrar un interés genuino en lo que alguien dice es muy importante a la hora de construir un fuerte vínculo en el matrimonio.

Recuerda que tu capacidad para establecer alguna conexión significativa con tu cónyuge dependerá de tu actitud, tu habilidad para sincronizar los muchos aspectos físicos de comportamiento tales como el lenguaje corporal (la postura, las expresiones y los gestos faciales) como así también el tono y el ritmo de tu voz.

Hay ocasiones en las cuales estamos realmente interesados en lo que dice una persona, pero no manifestamos las expresiones adecuadas. Si eso sucede, ¿cómo sabrá entonces la otra persona que tú estás sinceramente interesado? ¿Cómo sabrá que puede seguir hablando acerca de lo que está diciendo si no demuestras genuino interés?

En este punto la actitud es de suma importancia, ya que la misma controla a la mente y ésta a su vez controla el lenguaje corporal. Todo esto sucede de manera inconsciente.

Al conversar con alguien existen dos tipos de actitudes: actitudes útiles y actitudes inútiles. Las primeras son aquellas que impartes a la otra persona cuando sabes lo que quieres comunicar. Las actitudes inútiles son aquellas que provienen de personas que no saben o no esperan mucho de su comunicación.

Para ilustrarlo mejor, algunas actitudes útiles a la hora de conversar con alguien pueden ser demostrar entusiasmo, seguridad, ser positivo, alegre, estar atento, ser ingenioso, agradable y participativo. Por el contrario, algunas actitudes inútiles pueden ser estar enojado, ser sarcástico, impaciente, demostrar aburrimiento, ser pesimista, impaciente, burlón y dubitativo.

Siempre ten en cuenta que en los encuentros cara a cara, tu actitud te precede. Es decir, tu actitud, cualquiera que esta sea, va delante de ti y llega antes de lo que estás diciendo. Por eso es muy importante que sepas muy bien lo que deseas comunicar.

Además de tu actitud a la hora de establecer alguna conexión significativa mencioné antes que es muy importante el lenguaje corporal, el cual está conformado por posturas, expresiones y gestos. Este tipo de lenguaje puede ser de dos tipos:

1. Abierto: Cuando las posturas, expresiones y gestos incluyen a la otra persona.

2. Cerrado: Cuando las posturas, expresiones y gestos excluyen a la otra persona.

Las posturas abiertas demuestran confianza en uno mismo e indican cooperación, entusiasmo, acuerdo, disposición y aprobación. Algunas posturas abiertas son brazos y piernas a los lados, sin cruzar, y una leve inclinación hacia la otra persona. Si estás vistiendo con un saco o una chaqueta, asegúrate que esté desabrochado.

Las posturas cerradas son como una especie de muro alrededor del corazón, protegiéndolo y diciendo "aquí no se entra." Las más comunes son brazos y piernas cruzadas, poner el cuerpo de costado y menearse nerviosamente de vez en cuando.

Algunos gestos y expresiones abiertas: sonrisa, contacto visual, manos abiertas y cejas levantadas.

Algunos gestos y expresiones cerrados: evitar el contacto visual, manos en los bolsillos, fruncir los labios y el ceño fruncido.

Vale aclarar que estos gestos deben interpretarse dentro de su contexto, es decir, con el lenguaje corporal y sus expresiones incluidas, ya que un simple puño cerrado, por ejemplo, puede ser señal de victoria.

Teniendo en cuenta que el 55% de nuestra conversación se expresa usando el lenguaje corporal, que 38% lo hace nuestro tono de voz y que solo el 7% corresponde a las palabras empleadas, podemos decir que más de la mitad de nuestro mensaje se expresa a través de nuestro cuerpo.

Es por eso que para ser creíbles debemos ser congruentes. Es decir, que los tres canales de comunicación (el lenguaje corporal, el tono de voz y las palabras) den el mismo mensaje que queremos transmitir. Esto es básico para lograr una conexión positiva y duradera con tu cónyuge.

La postura corporal y las expresiones físicas son también una ventana hacia tus sentimientos, y comunican exteriormente lo que estás sintiendo en tu interior.

2. Haz las preguntas correctas. Tomando el punto anterior un paso más allá, tienes que reaccionar de alguna manera ante lo que tu pareja te está diciendo. Tienes que reaccionar acorde a las circunstancias. Cuando la gente te dice algo, ellos quieren que actúes acorde a lo que te están diciendo, o que les des consejos, o que solamente digas algunas palabras de alivio y apoyo. Buscas las mismas cosas cuando estás hablando con tu pareja, ¿verdad?

Es por ello que debes ser evocativo. Una de las mejores maneras de hacer esto es marcar la conversación con las preguntas correctas en el momento adecuado. Cuando tu pareja te dice algo, debes estimularla con la pregunta correcta. Pregúntale algo que tenga que ver con lo que te está contando, y verás que eso de repente genera un efecto positivo. Se encenderá, sólo porque le preguntaste algo mostrando genuino interés.

Hay muchos matrimonios que a la hora de conversar simplemente dejan hablar al otro y ni se molestan por lo que están diciendo. Pero si de verdad prestaras tu oído y preguntaras algo más acerca del asunto, verás que el otro se sentirá muy importante.

La fórmula para una comunicación exitosa consta básicamente de tres partes:

1. Saber lo que quieres. Debes formular afirmativamente tu intención e imaginarla, sentirla y escucharla dentro de ti. Por ejemplo: "Quiero solucionar este tema cuanto antes", "Necesito saber qué piensa ella de este tema", etc.

2. Analizar lo que estás obteniendo de la conversación: En este paso evalúas cómo va la plática para ver si te lleva a la meta que te has propuesto anteriormente.

3. Cambiar lo que estás haciendo hasta conseguir lo que quieres.

Lo que vas a leer es muy básico y hasta suena repetitivo, pero es muy importante. Durante la conversación debes hacer dos cosas: utilizar preguntas al hablar (pues de esta forma detectas intereses comunes) y escuchar activamente.

Las preguntas que puedes formular pueden llegar a ser de dos tipos:

1) Preguntas Abiertas: Se denominan así a las preguntas en las cuales su respuesta requiere una explicación.
2) Preguntas Cerradas: Requieren un SÍ o un NO como respuesta.

Las preguntas abiertas siempre comienzan con las siguientes palabras:

- ¿Quién?
- ¿Cuándo?
- ¿Qué?
- ¿Por qué?
- ¿Dónde?
- ¿Cómo?

Para demostrar atención con el lenguaje corporal se puede hacer lo siguiente:

- Asentir con la cabeza
- Mantener el contacto visual, pero sin mirar fijamente

3. Construye seguridad en ti mismo. Desarrolla tu confianza. Sé directo y habla coherentemente. El construir seguridad en ti mismo tiene que ver con derrotar la timidez. La timidez no es una discapacidad, pero sí obstaculiza el crecimiento de tu personalidad a largo plazo. Edme P. Beauchene, (1780 – 1830), escritor y médico francés, lo expresa de esta forma: "La timidez se compone del deseo de agradar y del temor de no conseguirlo." Para algunos es un indicio de falta de confianza en uno mismo, mientras que para otros representa la creencia de que nunca podrán lograr lo que se han propuesto en la vida, así que simplemente se cuestionan ¿para qué intentarlo?

Aprende a comunicar efectivamente cómo te estás sintiendo y a decirlo sin rodeos. Si eres el que está escuchando, averigua qué es lo más importante de lo que te están diciendo. Cuando tu cónyuge haya acabado, pregúntale "¿qué es lo más importante de lo que acabas de decirme?", y con paciencia espera su respuesta. Deja tus puntos de vista de lado y procura entender cómo se está sintiendo tu pareja. No la presiones, ni tampoco tengas miedo de esos silencios que parecen incómodos, ya que son parte de la comunicación en el matrimonio.

4. Usa las expresiones adecuadas. John C. Maxwell cuenta esta historia en su libro Liderazgo de Oro: Un par de cazadores campesinos están en el bosque cuando de repente uno de ellos cae desplomado a tierra. Parece no estar respirando y no responde. El otro campesino comienza a entrar en pánico, entonces saca su teléfono celular y llama al 911.

Muy asustado y sin saber cómo reaccionar, le grita al operador: "¡Mi amigo Bubba está muerto! ¿Qué puedo hacer?"

El operador, tratando de calmarlo, le dice, "Tómelo con calma. Yo le puedo ayudar. Por favor escúcheme con cuidado y siga mis instrucciones. En primer lugar, vamos a asegurarnos de que realmente esté muerto…"

Se produce una breve pausa en la comunicación, y luego el operador oye un disparo de arma de fuego. Luego escucha que el campesino regresa al teléfono y dice: "Bueno, ¿y ahora qué?"

A veces es fácil escuchar las palabras sin escuchar el mensaje real. Creemos que sabemos lo que se nos está diciendo, pero en realidad saltamos a conclusiones innecesarias e inútiles. Hemos sido creados con dos orejas y una sola boca por una razón, para ser mejores oyentes e interesarnos por lo que dicen los demás.

Al hacer esto, vamos a mejorar nuestras relaciones, tener una mejor comprensión de los demás y reducir la confusión.

Ser alguien expresivo es siempre algo bueno. Necesitas pensar acerca de lo que se te dice, y entonces reaccionar de manera acorde. Existen muchísimas maneras distintas de expresarte con respecto a algo. Aun así, asegúrate de que manifiestas estas expresiones. Son signos de que te importa la otra persona… de que estás verdaderamente interesado en lo que están intentando decir.

El último paso al finalizar la conversación es ayudar a tu cónyuge a resolver la situación. Recién ahora puedes preguntar "¿quieres hacer algo acerca de lo que has dicho?", o también puedes preguntar "¿necesitas que yo o los dos juntos hagamos algo al respecto?" Otra vez, dale a tu pareja el espacio suficiente para que se exprese y escúchale con atención, permitiéndole que oiga su propia decisión con respecto a lo que están hablando.

Si es necesario, pregunta si tiene alguna otra cosa más que decir, y reflexiona sobre lo que te está diciendo.

Tus expresiones pueden generar un gran impacto en el camino por el cual transita la conversación. No hay nada malo con mostrar las expresiones correctas en los momentos adecuados.

Cómo escuchar mejor

Aun si se produjera un conflicto que finalmente no se resuelva después de una plática, el proceso de escuchar al otro puede tener un profundo impacto en cada una de las partes. Jonathon Chace, director asociado del Servicio de Relaciones con la Comunidad de Estados Unidos, recuerda un conflicto relacionado con la comunidad de ese entonces y que llevaba más de 30 años de idas y venidas cuando él era un mediador en la oficina de la agencia. Se trataba de la construcción de una carretera que dividiría físicamente una comunidad en torno a un proyecto de vivienda pública. Después de semanas de actividad de protesta, las partes acordaron la mediación. Al final, los funcionarios públicos prevalecieron y la comunidad agraviada consiguió un poco de alivio para su situación. Cuando terminó la sesión final, el líder de la organización comunitaria se acercó respetuosamente, estrechó la mano del mediador y le dio las gracias por ser "diferente a los demás."

"¿Por qué dices que fui diferente?", preguntó Chace. "Tú escuchaste", fue la respuesta, "tú fuiste el único que se preocupaba por lo que decíamos."

William Simkin, ex director del Servicio de Mediación y Conciliación Federal y uno de los primeros que documentó el proceso de mediación, señaló que "el entendimiento tiene una utilidad limitada a menos que el mediador pueda transmitir de alguna manera a las partes el hecho de que [el mediador] conoce la esencia del problema. En ese momento, y sólo entonces, puede esperar que se le otorgue confianza y respeto."

Simkin estaba escribiendo acerca de ir más allá de la necesidad de entender y proyectar una comprensión de los hechos. El entendimiento no se limita a simplemente saber lo que sucede. Con bastante frecuencia el trasfondo emocional de un problema y las personalidades involucradas pueden ser más importantes que los hechos en sí. Por eso siempre se sugiere que en una conversación las partes apliquen "la comprensión simpática", que en realidad es el escuchar con empatía.

Ahora bien, antes de seguir adelante, me gustaría hacer un alto aquí para ver lo siguiente:

Cómo escuchar con empatía

La empatía es la capacidad de proyectarse en la personalidad de otra persona con el fin de entender mejor sus emociones y sentimientos. Al escuchar empáticamente a la otra persona, sin decir nada le estarás comunicando lo siguiente: "Entiendo tu problema y cómo te sientes al respecto, estoy interesado en lo que estás diciendo y no te estoy juzgando." El oyente transmite inequívocamente este mensaje a través de palabras y comportamientos no verbales, incluyendo el lenguaje corporal. Al hacerlo, el oyente alienta al otro a que se exprese plenamente sin interrupción.

La escucha empática es una habilidad básica que fortalecerá la eficacia interpersonal de los individuos en muchos aspectos de sus vidas profesionales y personales. Para escuchar de esta manera son muy útiles las siguientes herramientas:

* voluntad de dejar que la otra persona domine la conversación,

* atención a lo que se está diciendo,

* cuidado de no interrumpir,

* uso de preguntas abiertas,

* sensibilidad a las emociones que se expresan, y

* capacidad de resumir y compartir de nuevo la sustancia de los sentimientos expresados a la otra persona.

Madelyn Burley-Allen, ex-presidente de la American Listening Association, en su libro "Listening the Forgotten Skill", (Escuchar: la habilidad olvidada, John Wiley & sons, 1982), menciona que "Cuando uno escucha bien:

1. Reconoce a la otra persona,

2. Aumenta la autoestima y la confianza del otro,

3. Con sus gestos le está diciendo: "Tú eres importante" y "No te estoy juzgando",

4. Gana la cooperación del que está hablando,

5. Reduce el estrés y la tensión,

6. Construye el trabajo en equipo,

7. Se gana su confianza,

8. Provoca apertura,

9. Gana un intercambio de ideas y pensamientos

10. Obtiene más información válida acerca de la persona y su situación.

Para obtener estos resultados, la autora dice que un oyente experto: "Toma información de otros, sin prejuicios y empáticamente, lo reconoce de una manera que invita a la comunicación para continuar, y proporciona una respuesta limitada, pero alentadora, llevando la idea del que está hablando un paso adelante."

3
Cómo resolver conflictos de pareja

Antes de comenzar con el tema, conozcamos a Jorge, casado hace muchos años con Silvia. Él nos comenta lo siguiente:

Un día estaba sentado muy cómodamente en el sofá de la sala de estar, cuando mi esposa se sentó a mi lado justo cuando estaba haciendo zapping, cambiando de canal cada cinco segundos. Y me preguntó: "¿Qué hay en la tele?" Así que le respondí: "Polvo." E inmediatamente comenzó la pelea...

Ayer por la noche, cuando llegué a casa luego de un largo y duro día de trabajo, me recordó que hacía mucho que no salíamos, así que me exigió que la llevase a un sitio costoso. Entonces decidí llevarla a la gasolinera de la esquina. Y la pelea comenzó...

Luego de ese incidente, decidimos ir a un pub cercano, y mientras estábamos los dos sentados en la mesa, noté que había una chica muy borracha en una mesa próxima, estaba sola y balanceaba su copa.

Al observar mi mujer que me estaba fijando en ella, preguntó: "¿La conoces?" "Sí," le dije, "ella fue mi novia hace muchos años atrás. Lo último que supe de ella fue que empezó a beber justo después de separarnos, y por lo que sé de algunos amigos en común nunca más ha vuelto a estar sobria la pobre."

"¡Dios mío!", exclamó mi mujer muy sorprendida, "nunca pensé que alguien pudiese celebrarlo durante tanto tiempo." Y entonces comenzó la riña otra vez...

Esa noche, mi esposa estuvo largo rato mirándose en el espejo de la habitación, dándose la vuelta una y otra vez, mirándose de arriba a abajo. Parecía inconforme con algo, así que se dio la vuelta y me dijo: "Me siento horrible, aparento más años, parezco vieja, estoy gorda y me siento fea. Necesito que me digas algo bonito."

Así que le dije: "¡De la vista estás perfecta!" Pero entonces comenzó otra pelea...

En otra ocasión recuerdo que la llevé a un restaurante de lujo. Cuando el mesero se acercó, le pedí un churrasco bien jugoso. Pero él me preguntó: "¿El señor no está preocupado por la enfermedad de la vaca loca?" "No", le respondí, "ella misma puede hacer su pedido." Y entonces, la riña comenzó otra vez...

La semana pasada, y luego de haber tenido una discusión muy fuerte con mi esposa, recuerdo que íbamos los dos en el auto sin decir palabra alguna. Era un silencio sepulcral, hasta que pasamos por el frente de un criadero de cerdos, y le dije a ella: "No sabía que tenías parientes viviendo por acá." Y me contestó: "Sí, mis suegros..." Así que la pelea volvió a dar inicio...

Si bien son diálogos ficticios, estos chistes nos muestran que en todo matrimonio siempre habrá desacuerdos y conflictos que la pareja deberá enfrentar. Son normales y son parte del proceso.

Este tipo de inconvenientes no determinan que tu pareja es incorrecta o que tu matrimonio está condenada a fracasar. Resolver los conflictos fortalece la unión de pareja en muchos aspectos.

Los problemas y situaciones difíciles que tenemos que atravesar como matrimonio se dan porque cada uno es diferente. Su lugar de origen, sus deseos, sus prioridades, su educación, sus personalidades y sus puntos de vista son diferentes, por lo que analizarán y actuarán de manera diferente a su pareja.

Siempre debes tener en cuenta que estás del mismo lado de tu pareja, forman un equipo para que juntos puedan resolver el problema.

Al momento del conflicto también debes recordar que somos egoístas por naturaleza, y debes tener presente si en esa situación en particular puedes cambiar alguna actitud por el bien de tu vida familiar.

En cada obstáculo que enfrentemos, debemos intentar resolverlo juntos. Es como la carrera de tres piernas, cuando atan tu pierna izquierda con la pierna derecha de otra persona, es muy difícil dar dos pasos seguidos, pero a medida que lo intentan, poco a poco van tomando ritmo y notan que pueden avanzar más y más rápido.

Así es con los conflictos, al principio son duros de sobrellevar y toma tiempo aprender a hacer ajustes a nuestra personalidad para poder resolverlos, pero con el tiempo esa práctica se convierte en hábito, lo que dará como resultado una armonía de pareja a la hora de enfrentar obstáculos.

Veamos a continuación qué se necesita para manejar efectivamente cualquier conflicto que surja en la relación.

1. Valoración verbal

Primero que todo, es necesario que expreses tu aprecio para con tu cónyuge. Haz que tu pareja se sienta la persona más importante del mundo. Enfoca toda tu atención en lo que a ella le gusta y en lo que admiras de esa persona.

Procura demostrar tu aprecio por lo que es y por lo que hace. Expresa tu gratitud todos los días. Ningún matrimonio puede sobrevivir si se omiten las palabras de afecto y las palabras de afirmación constantes.

El concepto al que más tendrás que acostumbrarte es el de compartir. Compartir el espacio, compartir comidas, compartir el control remoto, dividir tareas y tomar decisiones en conjunto sobre todas las cosas. Tendrás que dar para recibir algo a cambio.

Ciertos problemas seguramente surgirán y hay ocasiones en las que sólo tienes que hacer lo que te dicen. Limpiar entra en esta categoría. Los estándares eventualmente van a subir. Productos reales de limpieza tendrán que ser comprados. Es posible que haya que cumplir con algún tipo de horario o calendario. Es necesario utilizar esto como algo positivo. De hecho podrías empezar a sentir alegría por vivir en un ambiente limpio y organizado. En realidad no es tan malo.

Para motivarme a mí misma uso la teoría del 2 por 1. Por todo lo bueno que hago, obtengo dos cosas buenas a cambio. Si empiezas a disfrutar de tener un baño limpio, siempre querrás un baño limpio. Esa es una. Al mantener el baño limpio tienes todo el derecho, sin culpas, de jugar semanalmente al golf con tus amigos, por ejemplo. Ahí van dos. Hacer una cosa, conseguir dos. Es todo una cuestión de perspectiva.

Con la actitud correcta puedes adoptar estos cambios sin problemas. Después de un tiempo podrías darte cuenta de que un cuarto limpio o acostarse en una cama tendida hacen a la vida mucho mejor. Podrías también darte cuenta de que reemplazar tus posters y pintura desgastada por un poco de decoración moderna puede ayudarte mucho a entrar en un estado mental mucho más relajado. Tal vez te convierta en alguien un poco más dinámico. Nunca digas nunca. Y bueno, si vas a mirar alguna película de disparos y explosiones en la pantalla grande, también podrías hacerlo en un cuarto cómodo y relajado.

Tómate el tiempo para hacer pequeñas cosas para ella en la casa. Son estas pequeñas cosas las que importan tanto. Deja pequeñas notas, organiza sus animales de peluche en la cama después de tenderla, bájale la tapa del inodoro, dale un masaje, y regálale flores sin ninguna razón. Ya que has aceptado este compromiso ¿por qué no cumplirlo tan bien como se pueda? No compitan por cada pequeña cosa. Trabajen juntos y hacia una meta en común. Como dice el viejo refrán: atraes a más abejas con miel.

Aunque en un principio pueda parecer que estás perdiendo mucho (espacio, poder, libertad), tómate tu tiempo para ver y disfrutar los beneficios de una relación de mutuo entendimiento. Verás que los aspectos positivos superan con creces a los negativos.

2. Aprecia las diferencias

Segundo paso, identifica y acepta las diferencias de tu cónyuge. Tienes que reconocer que tu pareja tiene un temperamento, educación, personalidad y posiblemente valores diferentes a los tuyos.

Como personas, somos individualmente diferentes. Tal vez uno de ustedes es extrovertido y el otro es más bien reservado. Tal vez uno es derrochador en cuanto a las finanzas, y el otro es más bien conservador. Tal vez a uno le gusta salir pero al otro le gusta más quedarse en casa. Somos diferentes, y es hora de que comiences a ver y aprender de estas diferencias, para que tu matrimonio funcione como una sociedad que pueda resolver los conflictos de manera eficaz.

Además de las diferentes personalidades, debes tener en cuenta los diferentes tipos de educación y crianza que tanto tú como tu pareja han recibido. Tus amigos, la educación que recibiste por parte de tus padres, en tu escuela, y otras experiencias también te han formado como persona e influyen a la hora de formar tu personalidad. Afectan la manera en que piensas y actúas frente a diversos y variados temas.

Por eso es muy común que al principio de una relación amorosa seamos atraídos por los opuestos de la otra persona. Nos fascina su modo diferente de pensar y hacer las cosas. Nos atraen sus cualidades, ya que son distintas a las nuestras.

Pero una vez que decidimos formalizar la relación, y a medida que pasa el tiempo, esas cosas que nos atraían al principio son las mismas que comienzan a molestarnos. Se trata de pequeñas actitudes o maneras de pensar y actuar de la otra persona que, ahora que ha pasado algo de tiempo, comienzan a irritarnos.

Una manera de reconocer estas diferencias es sentarse y platicar con tu cónyuge dónde están sus preferencias en cuanto a determinadas cuestiones. A continuación enumero algunos temas que pueden ayudarles. Entre paréntesis están los opuestos.

Dialoguen sobre qué puntos de vista tiene cada uno sobre el tema.

- Dinero (gastar – ahorrar)
- Ropa (casual – formal)
- Vacaciones (priorizar la aventura – priorizar el descanso)
- Desacuerdos (discutir – mantener la paz)
- Personas (pasar tiempo con otros – pasar tiempo a solas)
- Planificación (planificar y apegarse al plan – ser espontáneo y dejarse llevar)
- Relajación (salir de casa – quedarse en casa)
- Puntualidad (respetar horarios – llegar tarde)
- Descanso (acostarse tarde – levantarse temprano)
- Tecnología (usar mucho – usar poco)
- Deportes (me entusiasma – no me interesa)
- Orden (mantener el orden y tener todo bajo control – vivir relajado y en completo desorden)
- Televisión (mantenerla encendida – tirarla)

Recuerda: nunca intentes cambiar a la otra persona, de lo contrario te enfrascarás en una batalla imposible de ganar. Si de verdad quieres que el otro cambie, pues entonces comienza con la persona que ves en el espejo todas las mañanas. Como dijo Gandhi: "sé el cambio que quieres ver en el mundo."

Mira a tu matrimonio como un equipo el cual debe combinar fortalezas y apoyarse mutuamente en las debilidades del otro.

3. *Aprendiendo a negociar*

Tercero, el arte de aprender a negociar. Como hemos visto,

somos personas diferentes, y por este motivo es que solemos responder al conflicto de manera diferente.

Las discusiones constantes no solo te apartan de tu cónyuge, sino que también pueden afectar negativamente a tus hijos y todo el entorno familiar.

Hay muchas razones ocultas que pueden alimentar peleas amargas e interminables. Si de verdad quieres detener las discusiones, debes entender lo que cada uno de ustedes está protegiendo o esperando ganar de cada pelea. Recién entonces te podrás ayudar a ti mismo para ayudar a tu pareja a que se sienta mejor y luego encontrar maneras más prácticas y convenientes de arreglar sus diferencias. Veamos algunas de las razones más comunes para empezar la mayoría de las peleas, los argumentos y los conflictos:

La necesidad de "tener la razón." Algunas personas tienen su autoestima ligada a tener siempre la razón en todo. Sienten que tienen que estar en lo correcto, incluso si están equivocados. Para salir de la maraña y resolver el problema lo más rápido posible, su pareja entonces decide darse por vencida y admitir que tenía razón. No vale la pena tratar de razonar con alguien que no es razonable.

Poder. Algunas personas usan las constantes peleas como una manera de ganar poder sobre el otro. Al conseguir que su pareja dé marcha atrás, ceda, o al menos le preste atención cuando ella no quiere, esta persona quiere demostrar que tiene la sartén por el mango. Lo que no parece no entender es que al tener "el control" de esa forma, pierde la reciprocidad que la intimidad requiere.

Control. Algunas personas han sido tan heridas en la vida o están tan seguras de que van a serlo, que la única manera que pueden calmar ese miedo es estando en completo control de la situación. Al dominar a su familia y a su pareja se sienten seguros de sí mismos. No entienden que este tipo de seguridad a menudo erosiona el amor y el respeto. Una persona así puede que tenga éxito en hacer de sí mismo alguien "seguro", pero otras personas tienen que dejarlo para sentirse seguros y a salvo de él.

Ocultar. Algunas personas usan los conflictos como una manera de ocultar cosas. Cuando su pareja comienza a preguntar dónde está gastando su tiempo o su dinero, él comenzará a reprocharle cualquier otra cosa. Pondrá a su pareja tan enojada y a la defensiva de sus quejas, que finalmente perderá el rastro de su preocupación inicial.

Él puede tener algo que ocultar. O simplemente le puede molestar mucho que ella siempre lo esté comprobando y esconde la verdad para preservar su sentido de independencia. De esta manera la confianza que debe haber en la pareja sufre un nuevo golpe.

Superioridad. Algunas personas necesitan sentirse superiores a fin de sentirse lo suficientemente buenos. Por lo tanto, necesitan encontrar maneras de demostrar su superioridad tanto a ellos mismos como a los otros con regularidad. Si ella es muy buena con palabras y es capaz de rebatir cada punto que él diga, adornando todo esto con argumentos complejos, sarcasmo y burlas, en última instancia él se convencerá de que ella realmente es superior y se preguntará por qué tolera estar con él. Se dará por vencido sólo para evitar las constantes humillaciones. Una pareja oprimida nunca será feliz. Con el tiempo, alguno se cansará y se rebelará contra lo que ha estado sucediendo.

Miedo de ser un perdedor. Algunas personas tienen la idea errónea de que si no están ganando, están perdiendo, y como no quieren ser el perdedor, se esfuerzan por ser el ganador en cada conflicto. No quieren parecer "débiles", así que perseveran por parecer fuertes. Abordan el conflicto desde la posición de que un buen ataque es la mejor defensa. No se dan cuenta de que su constante esfuerzo por ganar sin duda les hará perder un hermoso matrimonio.

Lo de siempre. Lamentablemente, algunas personas simplemente no saben que hay una mejor manera. Habiendo crecido en hogares donde los padres discutían, peleaban y humillaban al otro, piensan que discutir y pelear es algo normal que toda la gente hace. Por mucho que lo odiaban cuando eran niños, repiten ahora lo que veían hacer a sus padres. ¿El resultado? Otra generación que crece en una familia infeliz y asediada por la discordia.

Ahora analicemos cómo enfrentan algunas personas las situaciones de conflicto. Algunos van directo al ataque y fuerzan a su pareja a ver la situación como ellos la ven, para que el otro haga lo que ellos quieren.

Otros simplemente le huyen a la confrontación. Se asustan y prefieren no tener que enfrentar la situación, así que se someten, y así evitan la discusión, reprimiendo sus sentimientos y emociones más profundas.

Hay otras personas que hasta tratan al otro como si fuera un niño, ofreciéndole un trato: "haré lo que tú pides si a cambio haces esto otro." Pero eso lleva a la clásica situación "no lo hice porque tú no hiciste aquello."

Ninguna de estas actitudes genera un vínculo cercano con el otro ni tampoco funciona a la hora de resolver conflictos con efectividad.

La única manera eficaz es cuando negociamos. La negociación

involucra dialogar y hablar del tema en cuestión con el propósito de encontrar juntos una solución que les convenga a los dos como matrimonio.

De esta manera estarán trabajando como un equipo que tiene una meta en común en lugar de tirar cada uno para su lado.

Seis pasos prácticos:

A continuación veremos seis pasos prácticos para la resolución de conflictos, los cuales ayudarán a mantener la paz en tu hogar.

1. Encontrar el mejor momento. Este paso es muy importante, ya que pocas parejas tienden a reconocer el mejor (y el peor) momento para iniciar una discusión.

¿Cómo te sentiste cuando viste a una pareja conocida discutir en frente de ti? ¿O cuando los viste hablando acaloradamente pensando que estaban apartados sin que nadie los viera?

Algunos momentos inadecuados para discutir cualquier conflicto son cuando estás con otras personas, justo antes de salir hacia el trabajo por la mañana, justo antes de ocasiones especiales y cuando acabas de llegar a casa luego de un día bastante ajetreado.

Pero el peor momento es sin duda tarde a la noche, cuando estás cansado y el desgaste físico y emocional del día te está pasando factura. Cuando estás fatigado es mucho más fácil que la discusión suba de tono y que la conversación se salga del carril. Te puedo asegurar que no van a solucionar nada a esa hora.

Nicky y Sila Lee, en su Curso para Matrimonios, recomiendan hacer uso de la regla de las diez de la noche. Esta regla es un pacto establecido entre los dos miembros de la pareja y establece que, si están teniendo una discusión tarde en la noche, uno de los dos puede posponer la discusión para continuarla al día siguiente, pero un poco más temprano, o bien cuando tengan un mejor momento, o también puede ser el próximo fin de semana, compartiendo una taza de café.

Hacer uso de esta estrategia requiere mucha autodisciplina, ya que normalmente queremos discutir los temas que nos interesan cuanto antes, pero siempre es mejor platicar las cosas en frío, cuando ha pasado un tiempo en el cual podemos pensar y meditar. De esta forma evitamos utilizar palabras hirientes y decir cosas que luego podemos lamentar. Tener unas horas o un par de días para pensar en el conflicto ayuda a que el cerebro ponga en marcha su creatividad para luego presentar posibles soluciones a nuestro cónyuge.

Tal vez se vayan a la cama enfadados el uno con el otro porque el problema no se resolvió, pero de seguro evitarán discusiones acaloradas y posibles malos entendidos.

2. Identificar el problema. Muchas veces la discusión se agranda tanto y tiene tantas ramificaciones que nos olvidamos el motivo real del tema de discusión. En este punto ayuda mucho hacer preguntas abiertas, como vimos anteriormente.

3. Hablar del problema en lugar de atacar a la persona. Esto tiene mucho que ver con el punto anterior. Recuerda siempre que tu pareja no es el problema, así que identifica el problema cuanto antes. Las acusaciones y la ira fuera de control poco aportarán al conflicto en cuestión.

Evita las frases hechas tales como "tú nunca…" y "tú siempre…", ya que las mismas van en contra del otro y atacan a tu pareja, pero no al problema. Cuando dices cosas como "tú nunca me ayudas a limpiar" o "tú siempre haces lo mismo", estás rotulando el carácter de la otra persona.

Una mejor manera de enfrentar la situación es describir cómo te sientes utilizando tu pronombre personal. Entonces, en lugar de decir "tú nunca me ayudas a limpiar", podrías decir "yo me siento frustrada porque luego de almorzar dejaste todo tirado y sucio, no me ayudaste a dejar limpio."

En lugar de decir "tú siempre haces lo mismo", podrías decir "yo me siento mal cuando haces tal o cual cosa."

En este punto es muy importante tener en cuenta las indicaciones para escuchar mejor a nuestra pareja, ya que en las discusiones siempre procuramos que el otro comprenda nuestro punto de vista, pero en la mayoría de las ocasiones poco hacemos para escuchar a nuestra pareja, comprenderle e intentar ver las cosas desde su punto de vista.

4. Busca las posibles soluciones. Puede parecer difícil si la discusión es bastante acalorada, pero si ya identificaron el problema, entonces este paso surgirá con poco esfuerzo, pues si están enfocados en el conflicto, las soluciones y la creatividad para encontrar recursos que los ayuden surgirá de ustedes mismos.

Si, por ejemplo, el tema en cuestión es la falta de dinero, a estas alturas estarán perfectamente capacitados para darse cuenta que algunas posibles soluciones pueden ser elaborar juntos un presupuesto semanal o mensual, establecer quién de ustedes va a encargarse de las finanzas, asistir a algún curso sobre administración o pedir ayuda a algún consejero profesional o matrimonio amigo.

Con paciencia, humildad y compañerismo, siéntense a la mesa y escriban todas las soluciones posibles. A continuación, pasen al siguiente punto.

5. Decidan la mejor solución. Lleguen juntos a un acuerdo para la solución del conflicto y vean si funciona para ustedes. Si funciona correctamente entonces ya hay un problema menos que resolver.

6. Re-evaluar. Si creen que el problema sigue luego de haber elegido una solución, entonces es tiempo de revisar la lista con las posibles alternativas y elegir otra solución diferente. Los dos deben sentir la libertad suficiente como para darse cuenta que pueden cambiar de solución cuando las cosas no están saliendo como lo habían planeado.

4. Creciendo juntos

El cuarto paso para la resolución de conflictos es aprender a crecer juntos. En el proceso de resolución de conflictos es muy importante que cada uno se pregunte "¿qué es lo que yo debo cambiar?" Si nada más está esa actitud de "Bueno, así soy yo, ésa es mi forma de ser", pues prepárate para las consecuencias de tu orgullo.

Como lo vimos anteriormente, tienes que darte cuenta de que no puedes cambiar al otro, y como no puedes hacerlo, lo único que te queda es cambiar tú. Con el tiempo verás el milagro: tu pareja cambiará porque primero cambiaste tú.

Tristemente hay parejas que, como no saben resolver sus conflictos, piensan que son incompatibles, lo que finalmente los lleva a la separación, con las tristes consecuencias que eso implica. Pero déjame decirte algo, tú no eres incompatible para con tu cónyuge. Lo que sucede es que no quieres cambiar, te rehúsas a ser la persona que tu pareja necesita.

Si de verdad deseas un matrimonio feliz, entonces averigua qué es lo que tu pareja precisa y desea, porque sólo puedes cambiar para bien de tu matrimonio cuando conoces de verdad lo que le interesa a tu cónyuge.

Lamentablemente hay muchas parejas que viven años y años de conflictos que parecen eternos por la única razón de que nunca averiguaron cuál era el problema en sí.

Aprende a contarle al otro acerca de los temas que más te preocupan y explica por qué son importantes para ti. Comienza a expresar tus sentimientos para que tu pareja pueda conocerte mejor, porque muchísimos problemas en las parejas actuales surgen de suposiciones erróneas. Cuántas veces se ha presentado un conflicto porque asumimos que las cosas deben ser de esta o esa otra manera.

Y estas suposiciones, como vimos anteriormente, tienen que ver con la manera en que hemos sido criados, la educación, nuestra personalidad, etc.

Termino esta sección con lo que dijo una vez Jim Rohn, un excelente motivador: "Aprovecha cada oportunidad para practicar tus habilidades de comunicación, para que cuando surjan ocasiones importantes, tengas el don, el estilo, la nitidez, la claridad y las emociones que afecten a otras personas."

4

Cómo mantener viva la llama del amor en tu relación

Un día, un joven se enamoró perdidamente de una muchacha, pero el chico venía de una familia pobre, así que los padres de la joven no estaban muy contentos.

Por esta razón el joven decidió no sólo cortejar a la chica, sino también a sus padres. Con el tiempo los padres vieron que efectivamente era un buen hombre y como tal, era digno de la mano de su hija.

Pero había otro problema: El joven era un soldado. Pronto se desató una horrible guerra, y no pasó mucho tiempo antes que se enterara que estaba siendo enviado al extranjero durante un año. La semana antes de irse, el joven se arrodilló y le preguntó a su amada: "¿Quieres casarte conmigo?" Ella se limpió las lágrimas, dijo que sí, y desde ese día se comprometieron. Acordaron que cuando él volviera en un año se casarían.

Pero la tragedia golpeó fuertemente la familia de la joven. Pocos días después de que el soldado partió, la chica tuvo un grave accidente vehicular. Fue una colisión de frente. Cuando se despertó en el hospital, vio a su padre y a su madre llorando. Inmediatamente ella supo que algo andaba mal.

Más tarde se enteró de que sufrió una lesión cerebral. La parte de su cerebro que controla los músculos de su cara estaba muy dañada. Su otrora hermoso rostro estaba ahora desfigurado. Su grito fue desgarrador cuando se vio a sí misma en el espejo. "Ayer era hermosa… pero hoy soy un monstruo." Su cuerpo también estaba cubierto de muchas heridas y cicatrices.

Allí mismo decidió liberar a su prometido de su compromiso. Ella sabía que él no querría estar con ella nunca más, así que determino olvidarse de él y nunca volverlo a ver. Durante un año el soldado escribió muchas cartas, pero ella simplemente no contestaba. También le llamó incontables veces, pero ella tampoco devolvía sus llamadas.

Pero después de un año, la madre entró en su habitación y anunció: "Ha vuelto de la guerra."

La chica gritó: "¡No! Por favor, no le digas nada sobre mí. ¡No le digas que estoy aquí!"

La madre le dijo: "Él se va a casar", y le entregó una invitación de boda. El corazón de la muchacha se estremeció. Sabía que aún lo amaba, pero ahora tenía que olvidarlo.

Con gran tristeza abrió la invitación de la boda. Y entonces se sorprendió al ver su nombre impreso en la tarjeta. Confundida, alzó la vista y le preguntó a su madre: "Pero, ¿qué es esto?"

Fue entonces cuando el joven entró en su habitación con un ramo de flores. Se arrodilló a su lado y le preguntó: "¿Quieres casarte conmigo?"

La chica rápidamente se cubrió la cara con las manos y le dijo: "¡Pero si soy tan fea!"

El joven soldado le dijo: "Sin que lo supieras, tu madre me envió tus fotos. Cuando las vi me di cuenta de que nada había cambiado. Aún eres la misma persona de la que me enamoré. Todavía eres tan hermosa como siempre. ¡Porque te amo!"

Si piensas que el amor se te acerca, no lo rechaces pensando que no eres merecedor de él. Lo mereces, de lo contrario ese amor nunca se te hubiera cruzado por tu camino.

He escuchado a la gente decir que el amor sanará al mundo, pero creo que eso no es del todo cierto. Es practicar el amor lo que verdaderamente curará al mundo. Por eso debemos amar, poniendo en práctica el amor. Amar es expresión. Amar es acción. Amar es tener conciencia de dar a otros. Amar es movimiento que nunca se detiene.

Por eso hay cierta parte de egoísmo en aquella persona que dice: "¿Y cuándo me toca a mí?" Al escuchar ese tipo de preguntas sé que el ego está hablando. El verdadero amor es siempre incondicional, esa es la forma más pura del amor, pues no hay ataduras, tampoco existen condiciones, y ciertamente no existe expectativa alguna de recibir nada. En este tipo de amor el dar es puro, porque si das el ciento por ciento de lo que tienes y amas íntegramente, entonces no necesitas recibir nada a cambio. Si amas de esta manera puedes sanar cualquier cosa y curar a quien sea.

Al actuar desde el corazón, donde está ubicado el centro del amor, no lo haces desde la mente ni tampoco usando tus emociones. Tampoco actúas desde el ego, intentando controlar a los demás o forzarlos para que hagan algo que tú quieres.

Por eso da amor. Siempre. Da en silencio y con gratitud. No hace falta que le digas a la gente lo que haces. En lugar de eso, fortalécelos y sánalos con tu amor, pues ese es el mejor regalo que puedes ofrecer.

Si de verdad quieres amor puro, entonces dirige tus pasos hacia donde reside ese amor puro. El amor puro es Dios, pues sólo Él es amor. Déjalo que entre en tu alma, entonces todo ese amor estará dentro de ti, inundándote y sanándote para que así puedas compartir lo que tienes con los demás.

Algunos creen que el romance debe venir naturalmente, y que si no lo hace, o si la cercanía original que existía al principio dela relación empieza a disminuir, significa que algo anda mal. Nada más lejos de la realidad. Mantener vivo el amor requiere tiempo, atención y la voluntad de conservar la relación fresca todos los días. Involucra aprender a reconectarse constantemente.

Te dejo algunos pasos prácticos que te ayudarán para volver a conectarte con tu pareja, con el fin de lograr mantener viva la llama del amor.

Paso 1: Acaba con las rutinas aburridas

Si después del entusiasmo inicial de estar juntos estás sintiendo que es otoño otra vez, seguramente significa que los dos han caído en una rutina y comienzan a tomar muchas cosas por sentado. El asumir que sabes lo que tu pareja está sintiendo y que por eso no importa llegar tarde a una cita ya no se ve tan bien como antes, tampoco si deciden pasar cada vez más tiempo con amigos. Sin embargo, es crucial darse cuenta de que hay muchas maneras en que, poco a poco, saboteamos las relaciones.

Anímate a romper con las rutinas. Tómate el tiempo para planificar momentos románticos y emocionantes para que puedan pasar juntos. Incluso si es sólo por un rato. Dedícale un tiempo especial a la relación que nada ni nadie pueda interrumpir.

Si bien al final te daré muchísimas ideas, aquí hay unas cuantas:

- Compra un paquete de esas estrellas de juguete que brillan en la oscuridad. Pégalas en el techo de tu habitación formando la frase "te amo" (o cualquier otra que desees). A la noche, cuando se apaguen las luces, tu cónyuge podrá ver el mensaje.
- En cualquier ocasión especial, compra once rosas reales y una artificial. Ponlas a todas en algún recipiente con agua, con una tarjeta que diga "Te amaré hasta que la última rosa se desvanezca."
- Compra un espejo portátil y entrégaselo a tu pareja con el siguiente mensaje: "En este espejo verás la imagen de la mujer más hermosa del mundo."
- Luego de haber tomado una ducha, escribe en el espejo del baño "te amo", "Pedro ama a Laura", o cualquier nota romántica.
- Envíale una foto de tu mano con el siguiente mensaje: "¿Te gustaría que nos tomemos las manos?"

Paso 2: Cómo percibes a tu pareja todos los días

Los buenos sentimientos entre la pareja son a menudo reforzados por la forma en que se ven el uno al otro. ¿Lo ves como un héroe? ¿Alguien que puedes admirar y respetar? ¿O ves nada más sus errores y todo lo que hace mal? Luego de que una relación se ha prolongado durante un tiempo, es muy fácil comenzar a ver a tu pareja como alguien más bien ordinario. Y una vez que empiezas a verlo de esa forma el fuego del amor se extinguirá mucho más rápido. Recuerda, la primera vez que te enamoraste sólo veías lo mejor de esa persona y te centrabas en lo maravilloso que era. Si deseas mantener vivo el amor, tienes que mantener esa forma de verlo conscientemente.

Aquí hay dos ejercicios que los dos pueden hacer para ayudarles con respecto a este tema. Consigue un cuaderno para registrar tus experiencias y anotar todos tus sentimientos. Tal vez te parezca muy cursi estar anotando estas cosas, pero está comprobado que al escribir lo que sentimos estamos de alguna manera descargando y expresando lo que llevamos dentro. Nos liberamos de sentimientos y emociones que muchas veces nos estresan y nos incomodan, y esta es una manera de liberar esas tensiones. Tampoco viene mal leerlo de vez en cuando y dedicar un tiempo específico cada día para fortalecer la relación e imaginar lo que es posible lograr entre los dos.

Ejercicio A: ¿Cómo ves a tu pareja?

Tómate tu tiempo y escribe una descripción de la forma en que ves a tu pareja. ¿Qué representa él/ella para ti ahora? ¿Cómo te sientes acerca de esa persona? Escribe esto sin censurar ninguno de tus pensamientos y sentimientos.

Luego, anota cómo y cuándo la viste la primera vez que se encontraron, y lo que sentías por él/ella entonces. Nota cómo tus sentimientos de cercanía se ven afectados por la forma en que percibes a esa a persona el día de hoy. La forma en que percibes a una persona está totalmente bajo tu control. Puedes tener la persona más hermosa delante de ti, pero si no te detienes a admirarla no sirve de nada.

Comienza a ver a tu pareja de una manera similar a la forma en que lo hiciste al principio de tu relación. Si lo haces así, responderás inconscientemente a esta nueva actitud, tu pareja también sentirá los efectos de ese cambio, y comenzará a responder en acordemente.

Ejercicio B: Deja de alejar a tu pareja

Hay muchas cosas pequeñas que hacemos, consciente o inconscientemente, que distancian a nuestra pareja. Hay personas que no se sienten cómodas a la hora de la intimidad y se provoca allí un cortocircuito. O pueden ser actitudes, hábitos, etc. Toma algo de tiempo para escribir las maneras en que apartas a tu pareja de ti. No se trata de culparse a sí mismo, sino de tomar conciencia de aquellas ocasiones en las que no atraes a la otra persona sino que, por el contrario, la ahuyentas.

A continuación, decide cambiar la forma en que te comportas. Cada día toma un elemento de la lista y haz lo contrario. Por ejemplo, en lugar de criticar en público a tu pareja, decide decir algo bueno cuando estén con sus amigos. Algunas pequeñas acciones pueden tener efectos increíbles.

A continuación, comparto algo que leí hace poco: "Esto sucedió alguna noche cálida hace muchos años. Después de pasar casi cada minuto del día con Ana durante ocho días seguidos, sabía que tenía que decirle una cosa. Así que por la noche, justo antes de que se quede dormida, se lo susurré en su oído. Ella sonrió -el tipo de sonrisa que me hace sonreír de vuelta- y dijo: "Cuando tenga setenta y cinco años y piense en mi vida y lo que era ser joven, espero poder recordar este mismo momento."

Unos segundos más tarde cerró los ojos y se quedó dormida. La habitación era tranquila y había mucho silencio. Todo lo que podía oír era el suave ronroneo de su respiración. Me quedé despierto pensando en el tiempo que habíamos pasado juntos y todas las opciones en nuestra vida que hicieron posible ese instante. Y en algún momento me di cuenta de que no importaba lo que habíamos hecho o dónde habíamos ido. Tampoco el futuro tenía algún significado a esa hora.

Lo único que importaba era la serenidad del momento. Sólo estar con ella y respirar con ella. Estar juntos y disfrutarlo."

Paso 3: Entender las expectativas ocultas

No hay nada que pueda hacernos desconectar tanto el uno del otro como las expectativas que no se han cumplido. Todos entramos a una relación sentimental con muchos y diferentes tipos de sueños y expectativas, algunos de los cuales somos conscientes, y otros no. No hay nada que cause más desilusión en la pareja que el ver nuestras expectativas incumplidas.

Tómate un momento para darte cuenta de lo que esperas de tu pareja. ¿Es posible que puedas cumplir esas expectativas ¿Quieres lo mismo de la relación?

La mayoría de las veces son nuestras propias expectativas no cumplidas, y no las de la otra persona, lo que nos molesta. Con el fin de sentirse más cerca de su pareja y satisfecho en una relación, un paso crucial es asegurarse de que se cumplan las expectativas de cada uno. Vea cómo sus expectativas se alinean con la persona que está a su lado. También toma el tiempo necesario para considerar si de veras puedes cumplirlas. ¿Son estas expectativas realistas o simplemente sueños de la infancia que todavía arrastras contigo?

Ejercicio C: Cumpliendo sueños

El primer paso es tomar conciencia de las expectativas que tiene tu pareja y procurar cumplir esos deseos. Analiza si estás dispuesto a conformarte con esto. ¿Puedes encontrar una manera de sentirte agradecido por lo que estás recibiendo?

Fawn Weaver, fundadora del blog HappyWivesClub.com y autora de éxitos de ventas del USA Today® y Nueva York Times®, comparte seis maneras de superar las expectativas de tu cónyuge:

1. Sepa cuáles son. Te sorprenderías de saber cuántas personas viven decepcionados de sus cónyuges cada día. Lo triste es que la mayoría de estas decepciones podrían evitarse con sólo conocer las expectativas del otro. No se puede superar las expectativas de tu cónyuge si primero no sabes cuáles son en su nivel más básico. Las personas más sabias son las que hacen la mayoría de las preguntas. Cuando se trata de su cónyuge en este tema debes ser tan indagador como un niño. Hemos de hacer preguntas hasta que conozcamos plenamente todas y cada una de sus expectativas.

2. Conozca a fondo el lenguaje de amor de su cónyuge. Si todavía no lo has leído, consigue el libro "Los 5 lenguajes del amor", de Gary Chapman. Nos ayudó muchísimo a mi esposo y a mí. Cada uno de nosotros somos diferentes y tenemos diferentes necesidades, y aprender sobres estas pequeñas verdades me ha ayudado a exceder las expectativas de mi marido mucho más a menudo de lo que lo hice en el pasado.

3. Lo inesperado. Pequeñas cosas. Son esas pequeñas cosas las que suman a la ecuación más grande llamada matrimonio. Encuentra cualquier cosa adicional que puedes hacer todos los días para sacarle una sonrisa a ltu cónyuge. Por ejemplo, yo sé que si le alcanzo una taza de café en la mañana a mi marido antes de que salga de la cama, el aroma despertará una sonrisa en su cara, incluso antes de que abra los ojos. Puede probar con nueva lencería o recogiendo algunas flores de la tienda. Recuerde, algo realmente pequeño, pero bien pensado.

4. No espere nada a cambio. La mayor clave para superar las expectativas de su cónyuge es, cada vez que haces algo, no importa cuán grande o pequeño sea, no esperes nada a cambio. Sé que puede ser difícil de hacer, pero es de suma importancia. No lleves la cuenta de todas las cosas maravillosas que tú haces o que el otro deja de hacer, de lo contario y con el tiempo, eso dará lugar a las odiosas comparaciones. Y tú y yo sabemos que las comparaciones son peligrosas en todas las áreas de la vida, sobre todo en el matrimonio. El objetivo aquí es dar con todo tu corazón sin esperar reciprocidad. Lo interesante es que cuando das con todo tu ser, sin esperar nada a cambio, lo que das siempre vuelve a ti aumentado diez veces. Es uno de esos hermosos misterios de la vida que sigue siendo cierto.

5. No hagas suposiciones. Como el autor Miguel Angel Ruiz lo dijo: "Encuentra el coraje de hacer preguntas y expresar lo que realmente quieres. Comunícate con los demás tan claramente como te sea posible, de esta manera evitarás malentendidos, tristeza y dramas innecesarios." Con sólo hacer esto puedes realmente transformar por completo tu vida. Una de las mayores habilidades en el matrimonio es asumir menos y aprender más. Nada nos empuja a crecer tanto en la vida como el matrimonio. Decide verlo como una oportunidad sin fin para aprender acerca de la persona que más amas, de ti mismo y el mundo que te rodea. Supongamos tan poco como sea posible, descubre tanto como sea posible.

Paso 4: Vuelve a elegir a tu pareja

Al elegirla cada día no sólo estarán más conectados, sino que estarás con tu pareja porque no hay otro lugar donde quieres estar. La relación no será una de conveniencia, sino una de elección. El acto de re-elección de nuestros compañeros, y de saber que esa persona que tenemos al lado es con quien queremos estar, es la culminación del romance que hemos encontrado.

Las relaciones íntimas no duran nada más porque los dos se aman. Duran porque haces y rehaces una elección. A continuación comparto el testimonio de Bryan Reeves, un ex capitán de la Fuerza Aérea de Estados Unidos, quien ha sobrevivido varias noches oscuras del alma y hecho muchas cosas estúpidas que le han enseñado bien. Bryan trabaja con hombres, mujeres y parejas como coach de relaciones interpersonales y enseña mindfulness a veteranos militares. Él escribió en el blog GoodMenProject.com:

"Me pasé cinco años lastimando a una buena mujer quedándome con ella, pero nunca eligiéndola completamente.

Yo quería estar con ella, tenía muchas ganas de elegirla. Ella era una mujer exquisita, brillante, divertida, sexy y sensual. Podía hacer que todo mi cuerpo se estremeciera de risa con las cosas divertidas que decía. Despertar cada mañana con ella acurrucada en mis brazos era mi lugar feliz. Yo la amaba locamente.

Por desgracia, y como sucede con muchas parejas jóvenes, nuestra ignorancia sobre las cosas del amor creó rápidamente desafíos estresantes para nuestra relación. En poco tiempo, y una vez que mis relajadas mañanas de ensoñación dichosa daban paso a las formas tensas e inmaduras de nuestra vida diaria juntos, a menudo me preguntaba si habría otra mujer por ahí que fuera más fácil de amar y que me pudiera amar mejor.

A medida que los meses pasaban y que esos pensamientos resonaban cada vez más en mi cabeza, yo la elegía cada vez menos. Todos los días, durante cinco años, la elegía a ella un poco menos. Sin embargo me quedé con ella. Pero dejé de elegirla. Y los dos sufrimos.

Elegirla hubiera significado centrarme en los regalos que ella traía a mi vida todos los días, dones por los que yo debería estar agradecido: su risa, su belleza, su sensualidad, su alegría, el compañerismo, y así mucho, mucho más.

Lamentablemente, a menudo me parecía casi imposible concebir, o incluso ver, lo que era tan tremendamente maravilloso de ella. Yo estaba demasiado concentrado en mis enojos, inseguridades, demandas y otros aspectos de su fuerte personalidad que limaban la mía. Cuanto más me centraba en sus fallas, más cosas negativas alcanzaba a ver, y mi propio comportamiento reflejado hacia ella iba de mal en peor.

Naturalmente, esto solo amplificaba la tensión en nuestra relación, por lo que me hizo elegirla aún menos. Así fue nuestra desagradable espiral de muerte a lo largo de cinco años.

Recuerdo que ella luchó muy duro para hacerme elegirla. Pero creo que eso nunca funcionará, porque no se puede hacer que alguien decida elegir, aun cuando podrían amarte.

Para ser justos, ella tampoco me eligió plenamente. Los frecuentes enojos y griteríos lanzados contra mí eran una prueba suficiente de eso.

Pero ahora me doy cuenta, sin embargo, que ella estaba a menudo muy enojada porque no se sentía a salvo conmigo. Ella sentía que yo no la elegía, en mis palabras y mis acciones, y temía que la abandonaría.

Hasta que un día lo hice, la abandoné. Al no elegirla plenamente todos los días durante cinco años, centrándome en lo que me molestaba más de lo que yo la adoraba, así fue que la abandoné.

Como una flor fragante y preciosa que traje con mucho orgullo a casa, pero a la que luego descuidé no poniéndole agua, así la dejé sola en innumerables maneras, para que se marchite en el calor seco y caliente de nuestra relación íntima.

Si estás en una relación, te invito a que te hagas esta pregunta: "¿Por qué estoy eligiendo a mi pareja hoy?" Si no puedes encontrar una respuesta satisfactoria, entonces métete de cabeza a profundizar sobre esto para encontrar al menos una respuesta (porque deberías encontrar cientos de razones).

La respuesta podría ser tan simple como darte cuenta de que en verdad la amas desde lo más profundo de tu corazón, y esa es la única razón. Si no puedes encontrar la respuesta hoy, entonces vuélvete a hacer la misma pregunta mañana. Todos tenemos días en los cuales nos sentimos desconectados.

La respuesta vendrá un día o el otro, y descubrirás nuevamente por qué estás eligiendo a tu cónyuge. Lo verás con ojos nuevos y un corazón que arda de pasión enamorada por esa persona como la primera vez. Tu ser querido merece ser elegido con entusiasmo todos los días. Y tú también lo mereces."

5

Satisfacción en el dormitorio: Cómo condimentar tu vida sexual

"El sexo es una conversación que se lleva a cabo por otros medios. Si consigues salir bien de la cama, la mitad de los problemas de la cama se resuelven." Peter Ustinov

En este capítulo veremos varias y diferentes maneras para reavivar el fuego de la pasión sexual en el matrimonio. De más está decir que este tema es muy importante y no menos controversial. Tendremos opiniones y consejos de destacados profesionales en la materia. Empecemos con lo básico.

Cierra los ojos. ¿Cuánto tiempo pasa hasta que tu mente se distrae con el sexo? Tener relaciones sexuales con regularidad es bueno y saludable para la pareja. El sexo puede ayudar a estimular el sistema inmunológico, mejorar nuestra fertilidad e incluso aumentar nuestra autoestima. Según Kathleen Doheny, periodista de Los Ángeles que se especializa en temas de salud y fitness, el sexo también disminuye la depresión y aumenta la felicidad. Pero, ¿qué tan satisfecho estás con el sexo que tienes actualmente y cómo puedes aumentar tu satisfacción?

En primer lugar, echemos un vistazo a la situación de las relaciones sexuales en Estados Unidos. Según el United Press International, el estadounidense promedio tiene relaciones sexuales sólo unas 85 veces en un año, lo que equivale a un encuentro sexual más o menos cada cuatro días y medio. Durante esos encuentros, el 75 por ciento de los hombres reportan que siempre tienen un orgasmo como parte de sus experiencias sexuales. Por otro lado, sólo el 29 por ciento de las mujeres pueden decir lo mismo, y alrededor del 50 por ciento de las mujeres admiten que fingen. Hasta el momento parece que la vida sexual de los estadounidenses promedio no parece ser tan satisfactoria.

Pero cuando se les preguntó si estaban satisfechos, el 70 por ciento de los hombres y las mujeres dijeron que sí, que estaban satisfechos con su vida sexual. Este porcentaje se vio incrementado en nuevas parejas (alrededor del 79 por ciento) y mucho menos en relaciones estables (sólo alrededor de la mitad de parejas estables contestaron que estaban sexualmente satisfechas). Pero a pesar de la relativa poca frecuencia de las relaciones sexuales, hasta el 83 por ciento de los hombres reportaron que disfrutaban bastante del sexo (¿realmente hacía falta un estudio para darnos cuenta?), y cerca del 59 por ciento de las mujeres dijeron lo mismo. Además, tanto hombres como mujeres manifestaron el deseo de tener más sexo. Así que a continuación vamos a ver cómo podemos tener más y mejor sexo.

Fundamentos de la satisfacción

Algunas personas deciden vivir juntos primero para "probar las aguas" antes de formalizar la relación. Muchas parejas se dan cuenta que es difícil adaptarse a las peculiaridades de la otra persona, sin embargo, si uno conoce los fundamentos básicos de la satisfacción en la pareja le será mucho más fácil mantener una relación placentera y duradera en el dormitorio. Este tema es muy poco hablado antes de formalizar la relación debido a los tiempos que corren y el aumento en la tendencia del sexo sin compromiso, por eso creo que debe tratarse con precaución y preparación para asegurar una mayor posibilidad de éxito.

El intentar contribuir equitativamente a la relación de pareja es sumamente importante, ya que ambas partes deben entender que hay un rol que cada una de las partes juega dentro de esa relación. Ese lugar que cada uno tiene debe ser tomado en serio y sin reservas.

Ese factor de igualdad será de gran ayuda para determinar los niveles de compromiso que cada individuo está dispuesto a contribuir a la relación con el fin de asegurarse de que tienen buenas posibilidades de supervivencia.

Hay muchas maneras de asegurarse que ambas partes permanezcan participativas en la disposición del matrimonio y esto incluye ser capaces de compartir todas las cosas, una buena comunicación, ser comprensivo y sensible a los sentimientos del otro y a sus necesidades, como así también muchos otros elementos que contribuyen positivamente al beneficio mutuo de la relación.

A veces, cuando las cosas no van tan bien como deberían, se puede buscar ayuda externa para que las cosas se encaminen nuevamente. Esta ayuda puede incluir la asistencia de un consejero, un terapeuta de matrimonio o cualquier otra persona notable cuya principal función sea la de unir a la pareja de tal modo que puedan lograrse avances positivos.

El sexo es muy importante en el éxito de todo matrimonio, y la pareja debe entender la necesidad de garantizar esta actividad y que reciba la cantidad adecuada de atención requerida.

Arregla una cita nocturna

Para la mayoría de la gente hoy en día la idea de salir de noche es vista como muy emocionante y altamente sugestiva. Sin embargo y por desgracia, la mayoría de las parejas casadas no entienden la importancia y el significado de esta práctica, pues la misma es capaz de mantener el fuego pasional entre ustedes y despertar emociones seductoras. Debe explorarse como una actividad que mejoraría aún más el matrimonio con el fin de crear una relación duradera y que sea a la vez tanto saludable como exitosa.

A continuación comparto algunas de las salidas que me han parecido más interesantes y las cuales están pensadas para ser noches de pasión, con el fin de disfrutar en aras de mantener la emoción en el matrimonio:

A algunas parejas les gusta salir algún fin de semana a alguna localidad cercana y hacen lo que se denomina "escapadas de fin de semana." La pasión se despierta al estar en un lugar desconocido y al tomar tiempo libre para disfrutar de una refrescante escapada corta.

Esta actividad permite a la pareja distraerse de las actividades cotidianas y centrarse en ellos mismos.

Alquilar una cabaña o cenar bajo las estrellas simplemente es otra forma muy económica de salir de la rutina con el fin de despertar nuevamente el romance entre los dos.

Otra gran manera de crear una cita sexy a la noche sería elegir una botella de un buen vino y algún postre exótico para luego compartir una noche muy juntos disfrutando de estos elementos mientras exploran sus cuerpos mutuamente.

Cuando han sido cuidadosamente seleccionados, tanto el vino como el postre han demostrado con frecuencia ser los ingredientes ideales que ponen a las personas en el estado de ánimo ideal para una experiencia relajante y agradable, creando así el estado mental perfecto para una noche de pasión.

Sorprende a tu pareja con gestos románticos

Hacer el esfuerzo para demostrar cariño suele ser siempre bien recibido por la parte receptora, y cuando esto es bien aceptado, las posibilidades de que ambas partes se benefician de los resultados de ese gesto romántico es de verdad muy satisfactorio.

Las siguientes son algunas maneras muy simples y relativamente económicas de crear las circunstancias ideales para compartir gestos cariñosos con la intención de cortejar a la otra persona y sorprenderla para que la relación continúe viva y fresca:

Crear un programa semanal que incluya una salida nocturna es muy importante. Si no es posible hacerlo una vez a la semana entonces comprométanse a hacerlo por lo menos dos veces al mes.

Una vez que el compromiso ha sido hecho, la noche de la salida debe ser tomada en serio y no ser cancelada por cualquier motivo. Si la salida se mantiene de acuerdo a lo programado, esto mostrará el nivel de interés de ambos cuando llegue el momento.

Muy subestimado es el gesto romántico de apartar un tiempo tranquilo sólo para que la pareja sea capaz de comunicarse de manera efectiva.

Crear un ambiente relajado donde se puede dialogar de manera clara y amena, sin gritos ni tampoco encerrados en un clima de tensión, es en gran medida una actividad agradable para disfrutar.

Las parejas que son capaces de comunicarse en una variedad de temas que no necesariamente giran en torno a sus rutinas diarias suelen ser capaces de verse como personas activas y emocionantes que están en constante evolución y avanzando en la vida con confianza.

Este tipo de actividades ayudará a mantener el elemento de frescura en la relación para que ambas partes se vuelvan más conscientes e interesados en la ampliación de otros gestos románticos el uno hacia el otro. Esto logrará que la posibilidad de un estancamiento en su relación sea nula o casi imposible.

Darse un masaje de cuerpo completo el uno al otro es también otro gesto romántico digno de compartir. Esto es muy económico y no exige la experiencia ni el conocimiento de una masajista. Esta actividad permite que juntos puedan explorarse, relajarse y disfrutarse el uno al otro.

Aprende el arte de la seducción

Ser seductor puede parecer muy fácil para algunos, pero para otros sería muy útil investigar los diferentes métodos que se pueden utilizar para impresionar con éxito a la persona que queremos seducir. Al conocer estos métodos, dará la impresión de que somos muy buenos seductores.

Tal vez el elemento más importante para entender el arte de la seducción es ser capaz de crear la percepción de que cada capricho y fantasía de la otra persona se está cumpliendo.

Aprender a sentir y extender esta aura natural o energía te ayudará a entender mejor las diversas formas de crear métodos de seducción ideales que te ayudarán a mantener una relación viva y emocionante.

Una forma de aprender a ser un seductor exitoso es estudiar cómo está constituida la otra persona, tanto física como mentalmente.

El uso de la autodisciplina, la fuerza de voluntad, la paciencia y la coquetería es muy importante para llegar a ser un buen seductor. Aprender el arte del poder de la persuasión, la influencia y la atracción es trascendental, ya que esta ventaja le otorga a quien los utiliza una mejor oportunidad de ser visto como un seductor que como una persona necesitada.

Tómate la molestia de estar siempre bien arreglado y de vestir bien. Esto personificará en ti el aura de sensualidad, la cual también es muy ventajosa y te ayudará a promoverte como un gran seductor.

Sin embargo, se debe tener en cuenta que hay una línea muy fina entre presentarse uno mismo como un agrio y barato don juan que como un elegante seductor. Una cosa es regalarse y otra es presentarse como seductor. Ser capaz de obtener una buena comprensión de la diferencia te permitirá aprovechar los beneficios a fondo. Herramientas tales como un buen perfume, joyas simples pero delicadas y prendas de vestir que se ajusten a tu personalidad sería un buen punto de partida.

Estos conceptos se ilustran mejor en la película "Hitch, especialista en ligues" donde actuó Will Smith. En la escena del bar, Will se acerca a Eva Mendes en el mejor modo posible, y hace que el chico con el que ella está hablando desaparezca de la escena.

Sin preguntar nada él toma asiento y tiene una ligera charla con Eva, y se puede ver que ella está muy interesada.

Hablan durante un par de minutos, y justo en el pico más alto de la conversación, Will Smith se levanta y se va. A continuación, se puede ver a Eva levantándose y mirando en la dirección por la que se fue, un poco confundida. Ella estaba muy interesada, y el resto de la película lo demuestra bien.

Ahora vamos a analizar esta corta pero genial escena. Se puede ver que Will Smith obviamente sabe lo que está haciendo. Él no le pide su número de teléfono directamente, él espera pacientemente a que ella se interese.

Él actúa y habla de manera diferente que la mayoría de los otros chicos, lo cual mantiene a Eva muy intrigada. Y justo en el momento en que siente que por fin ha captado toda su atención, se levanta y la deja.

Y eso es exactamente lo que necesitas hacer. Sorprende a tu pareja con algo fuera de lo habitual. Muéstrale por qué no se ha equivocado al elegirte.

Se trata de actitud. Muestra la actitud correcta (deja de ser otra buena chica o un tipo más del montón) y construye un camino hacia el éxito en tu relación.

Sé espontáneo

Es bastante lamentable, pero la mayoría de los matrimonios actuales tiende a caer en una cómoda rutina que generalmente conduce a un cierto nivel de estancamiento.

En la mayoría de los casos todo sigue igual y la rutina pasa desapercibida casi totalmente, hasta que una de las partes se distrae y enfoca su interés en actividades o en gente que no son para nada saludables.

Una forma de asegurar que la relación no se vuelva aburrida ni se estanque es lograr que ambas partes se aseguren de que existe un cierto nivel de espontaneidad constantemente.

Isabel Pozo dijo en cierta ocasión: "El amor verdadero es algo que no se puede imponer, ya que el mismo debe ser espontáneo y libre como una sonrisa."

En la mayoría de los casos, la razón principal para finalmente caer en la rutina radica en el hecho de que se han vuelto demasiado cómodos, y por lo tanto, casi demasiado perezosos para hacer un esfuerzo por ser espontáneos.

Las siguientes son algunas maneras que te pueden ayudar a que la espontaneidad permanezca en la relación:

Como ya lo vimos anteriormente, escuchar es una herramienta muy importante que puede ayudar a crear un momento espontáneo dentro de la relación. Muy a menudo existen conflictos a la hora de escuchar lo que el otro está diciendo, y esto puede ocasionar que los dos pierdan importantes pedazos de información que se pueden utilizar para crear u organizar eventos emocionantes.

Aprovechar el momento para intentar y probar cosas nuevas también ayudará a mantener viva la relación y a escapar del aburrimiento y apatía que causa la rutina.

Otras maneras de ser espontáneo sería la creación de pequeñas sorpresas para la otra persona.

Esto se puede lograr en una variedad de ámbitos diferentes tales como la preparación de una comida especial que sea la favorita de tu pareja, también se puede intentar con una nueva receta que piensas que tu pareja disfrutará. También puedes intentar salir de noche, pero haciendo una actividad que no la harías normalmente, algo así como arreglar una escapada para dos, y cualquier otra actividad que se caracterice por ser emocionante y a la vez novedosa.

Aprende a experimentar

A menudo es más difícil para las mujeres experimentar que para el hombre. Los hombres son generalmente más aventureros y son capaces de manejarse mucho mejor cuando tiene que ver con sorpresas y experimentar cosas nuevas. Por tanto, para mantener el matrimonio vivo y atrevido, ambas partes deberán entregarse a la experimentación ocasional de algo nuevo de vez en cuando.

Los siguientes son algunos consejos sobre en qué áreas te puedes concentrar cuando estés en la fase de experimentación del ejercicio:

Ser una sirena - esto es una forma segura e infalible de llegar a tu pareja. La mayoría de las mujeres en relación estable tienden a descuidar su aspecto general y suelen dar las excusas más comunes, tales como no tengo tiempo, demasiado trabajo, la presión en casa, los niños y cualquier otra actividad física y mentalmente agobiante.

Sin embargo, cuando cualquiera de los dos toma serias medidas para lucir sexy y seductor, la respuesta correspondiente es por lo general bastante orgásmica, ya que la sola sorpresa de estar ante un individuo que evidentemente ha invertido tiempo y dedicación en arreglarse para estar lo más bello posible genera una emoción diferente.

Cuando se trata de realizar travesuras en el dormitorio, investigar nuevas y emocionantes maneras de tener relaciones sexuales también puede ayudar a encender nuevamente la chispa en la vida sexual de una pareja.

Hay muchos libros y sitios web que están diseñados para ayudar a las personas que realmente parecen haberse metido en un bache cuando se trata de su vida sexual.

Las cosas que ayudan son intentar nuevas posiciones, hablar con piropos y palabras dulces (especialmente el hombre a la mujer), hacerlo en diferentes lugares y aun actuar diferentes personajes cuando estén en el dormitorio. De esta manera les ayudará a darle vida a las cosas que antes parecían monótonas y aburridas.

La mayoría de los terapeutas recomendaría una sesión de masaje sensual en lugar de una noche a puro sexo, pero si el resultado final conduce a un encuentro sexual candente entonces debe ser disfrutado como tal. Sin embargo, no debe haber presión alguna a participar realmente en el sexo, ya que la idea es establecer una intimidad apasionante y sensual a través de las caricias.

Los beneficios de una buena vida sexual en tu pareja

Hay varias razones de por qué el sexo juega un papel tan importante dentro de la relación matrimonial y para aquellos que están interesados en mantener la "chispa" se debe pensar seriamente en esto y poner atención a explorar los beneficios del buen sexo y su impacto en el matrimonio.

Los siguientes son algunos de los beneficios que comúnmente da una pareja cuando es capaz de disfrutar de una buena relación sexual dentro del perímetro de su matrimonio:

¿Sabías que las relaciones sexuales ayudan a quemar calorías? Aunque la mayoría de la gente puede pensar en el sexo como una forma divertida de quemar calorías, especialmente cuando el gimnasio es el lugar donde más a menudo se queman calorías en diferentes aparatos, el sexo también se sabe que es capaz de producir resultados similares y es una forma mucho más natural de mantenerse en forma.

Otro de los beneficios de una mejor vida sexual dentro del matrimonio es que mantiene a la pareja mucho más cerca e íntimamente ligados, creando así una unidad familiar ideal y un ambiente cálido, favorable y cómodo para todos los que forman parte de la unidad familiar.

Para tener buen sexo, cada parte debe dar más y ser menos egoísta. Esto se extiende también a otras actividades de la vida de pareja, ya que siempre prosperarán en la medida que sea más lo que dan que lo que reciben.

Tener relaciones sexuales con frecuencia con el mismo compañero es bueno para el corazón y reduce los niveles de estrés de cualquier persona, por lo tanto considéralo como una forma ideal para aliviar el estrés.

ANEXO

97 Pasos para una Relación Feliz

¡Empieza a mejorar tu matrimonio y tus relaciones HOY usando diariamente estos pasos!

Tanto el noviazgo como el matrimonio son muy diferentes a los de 20 años atrás. Hoy en día, en nuestra sociedad, más del 50% de todos los matrimonios terminan en divorcio por alguna razón. Parece que cuando una relación enfrenta pruebas y desafíos, la gente simplemente la abandona. El noviazgo es más como una maratón, la gente trata de conseguir tantas relaciones como les sea posible, en vez de tomarse el tiempo de conocer al otro en un nivel más profundo. Hoy en día se piensa que para los matrimonios el divorcio no es injusto, porque haber estado casado por 30 años u 8 meses da igual y puede traer el mismo resultado.

La verdad es que cualquier relación, ya sea de novios o casados, es difícil. Las cosas no siempre van bien, las peleas y las discusiones están a la orden del día, por lo que toma un compromiso al 100% de parte de ambos para que esa relación sea un éxito y sobreviva las tormentas diarias. Frecuentemente, cuando la gente rompe una relación, siente como si algo se hubiera desvanecido. La "chispa" no está más, dejando a uno o ambos una sensación de vacío y amargura.

Sin embargo, aunque las adversidades son muchas, relaciones saludables y duraderas son definitivamente posibles y comprobadas por mucha gente. Mira a Paul Newman y Joanne Woodard, Danny Devito y Rhea Perlman, o Nancy y Ronald Regan. ¿Qué secretos poseen? La respuesta es que ellos trabajan duro en su relación. Ellos tomaron la decisión de amar a su cónyuge y no dependen de los cálidos y temporales sentimientos, los cuales saben que pronto se desvanecerán. Al tomar como una decisión el amar a alguien, tú estás decidiendo hacerlo aun en tiempos malos y estás diciendo que te aferrarás a esa decisión.

Piensa en esto como cuando eliges un auto. Eliges la marca, el modelo, el año, el color y las características que tú crees convenientes para ti en ese momento. Pero después de dos meses te das cuenta que quizás deberías haber comprado un auto más grande, tal vez los asientos de cuero hubieran sido más bonitos o te hubiera gustado un techo corredizo en días de calor. Sin embargo, ahora es muy tarde, así que tú decides quedarte con el auto y hacer que funcione para ti. Es lo mismo con el matrimonio. No todo será perfecto y habrá muchos obstáculos por atravesar, pero tú has tomado la decisión y ahora eres tú quien elige hacerlo funcionar o no.

Existen cientos de cosas que puedes hacer para mejorar tu relación. Para ayudarte a empezar en la dirección correcta, he seleccionado 97 métodos para construir, consolidar y mejorar tu relación.

Recuerda, pequeños pasos tomados día a día sumarán a un gran éxito.

1. Empieza de nuevo

Cuando una pareja recién comienza su relación, todo es nuevo y emocionante. Pasan por alto las pequeñas cosas molestas que la otra persona hace. Sin embargo, después de algún tiempo, empiezan los regaños. En vez de escuchar, "Estás hermosa," se escucha "¿Por qué te pusiste esa camisa?" Si esto te hace acordar a tu propia experiencia, entonces los dos necesitan sentarse y aceptar que las cosas han cambiado.

Identifiquen las cosas que los dos hacían en el principio y que creaba la atracción en ese momento. Hagan la promesa de empezar de nuevo. La verdad es que ambos tendrán que trabajar duro en esto. No será automáticamente fácil pero es posible. Empiecen por perdonarse, olvidar el pasado, y empezar de nuevo con el diálogo.

Como dijo un historiador y militar ateniense llamado Tucídides: "La historia es un incesante volver a empezar." Concéntrate solo en las cosas especiales que tu pareja hace y re-aprende a poner los detalles insignificantes a un lado. Tomará algún tiempo, pero sé paciente.

2. Aparta tiempo

Pasar tiempo juntos es crucial. Puede ser con amigos, saliendo a comer, asistiendo a eventos deportivos, o mirando una película. La actividad no es lo importante, sino el hecho de que están juntos haciendo algo que ambos disfrutan.

La gente siempre tiene la agenda extremadamente llena, y entre el trabajo, la familia, el hogar y las responsabilidades cotidianas es difícil encontrar tiempo para tu pareja. Pero así como planeas una reunión en tu calendario, muestra algo de cortesía en tu relación apartando tiempo para el otro. Una vez que el plan está hecho, no hay vuelta atrás a menos que tengas alguna emergencia de vida o muerte.

3. El poder del toque cariñoso

Cuando un niño está enfermo, los doctores te dirán que está comprobado que el simple cariño amoroso de un padre puede sacar al chico de tal crisis. Lo mismo pasa en las relaciones. Simples toques tales como jugar con el cabello de la pareja, acariciarle su mano, darle un suave beso en el cuello, o rascarle la espalda cambiarán notablemente la forma en que tu pareja te responde.

¿Cuándo fue la última vez que caminaste hacia tu pareja sin decir una palabra ni tener una razón en especial y le diste un beso en el cuello? El toque cariñoso no involucra un deseo sexual sino que se hace de una manera afectiva. Es diferente. La próxima vez que los dos estén sentados en el auto, en el supermercado o haciendo la línea para ingresar al cine, rápidamente toma su mano. No te sorprendas si te da una extraña mirada de curiosidad la primera vez.

4. Sorpresa

Si has planeado con tu pareja salir a comer un viernes a la noche, en vez de eso, dale una sorpresa. Por ejemplo, si a tu pareja le gusta el boxeo, compra entradas para alguna pelea, o si le gustan los conciertos, compra las entradas anticipadamente para conseguir los mejores asientos que te sean posibles. Cuando el viernes haya llegado, insiste en manejar y hazlo en dirección hacia donde el evento está tomando lugar.

Cuando tu pareja te pregunte a dónde están yendo, puedes responderle, "Tengo una sorpresa para ti. Sé que tú amas las peleas así que he comprado entradas para la pelea de esta noche" o "Sé que habíamos planeado ir a comer esta noche, pero te quise sorprender con algo especial. Compré entradas para ver a tu grupo favorito esta noche." La idea de haber comprado entradas para algo que a ELLA o a ÉL le gusta y haberlo guardado como una sorpresa especial tocará para siempre su corazón.

5. Espacio propio

Tan importante como pasar tiempo juntos también es darle al otro su propio espacio y tiempo para que haga lo que le gusta. Si a tu pareja le encanta pescar pero tú no tienes el más mínimo interés en poner una pequeña lombriz en el anzuelo, o si a ti te gusta ir al casino pero a tu pareja le gustaría hacer algo diferente, entonces anímense el uno al otro a tomar algo de tiempo para ustedes mismos.

Si es posible, intenta establecer un determinado tiempo para este propósito. Por ejemplo, quizás tú puedes determinar que cada dos viernes es noche de "solteros." Este tiempo no es para salir y tener citas con otras personas, sino para disfrutar de sus actividades favoritas. Recuerda que debes depositar confianza en tu pareja. Si intentas esto y luego de la actividad fastidias a tu pareja con un interrogatorio para saber qué hizo, con quién estuvo y a dónde fue, entonces el ejercicio ha fallado.

6. No a los debates

Si sabes que entre ustedes existen diferencias de opinión en determinados temas, evítalos. Por ejemplo, si tú eres Republicano y ella es Demócrata, probablemente deberían evitar hablar de política. Cuando identifiquen temas que podrían terminar en un debate, dejen la conversación sobre ese tema antes de que ésta empiece.

7. Conversaciones significativas

Si estás casado, especialmente con hijos, rompe con el hábito de hablar acerca de nada. Muchas veces, las familias están sentadas en la mesa y la conversación consiste solo de "¿Te gustan esas zanahorias?" o "Me pregunto qué darán en la TV esta noche." En lugar de esto, cambia tu estrategia para incluir preguntas abiertas (como vimos anteriormente), las cuales muestran real interés. Reemplaza lo normal, "¿Cómo te fue en el trabajo hoy?" con "Cuéntame que hiciste hoy en el trabajo." Aun si no puedes entender todo lo que dice el otro, escucha con atención. Tal vez no estés muy interesado en su trabajo, pero sí estás interesado en tu pareja.

8. Restablece Viejas Tradiciones

Si ambos tuvieron alguna tradición de algún tipo cuando se conocieron, sáquenle el polvo y devuélvanle la vida. Tal vez se juntaban en algún pub cada viernes después de trabajar, lavaban el auto juntos todos los sábados a la mañana o asistían a la iglesia los domingos. Lo que sea que era, restablece esa tradición.

9. Previsibilidad

En varios estudios se les preguntó a diferentes parejas acerca de los factores que habían hecho fallar su relación, y una de las respuestas más comunes fue que todo en la relación se había vuelto muy predecible. Cuando reconstruyes una relación, no tengas miedo de intentar evitar el aburrimiento. Si tú normalmente odias el hecho de que el domingo tu pareja se la pasa sentado en el sillón mirando televisión, arma algunos sándwiches y algo para tomar y únete a él en el sillón, o si tu pareja pasa horas en el jardín tratando de que todo se vea perfecto, sorpréndela con una planta nueva y ayúdala a plantarla. Si te encuentras caminando con tu pareja, detente y dale un suave beso diciendo "Te amo", y sigue caminando. Arriésgate a hacer algo inesperado y creativo.

10. Rompe la tensión

Frecuentemente, cuando parejas han pasado o están pasando por dificultades en la relación, las cosas tienden a ponerse serias. Esto se debe a que hay una tremenda cantidad de tensión o simplemente ninguno de los dos sabe qué decir. Más allá de quién tiene la razón, aprende a romper la tensión en el ambiente. No tomes cada comentario, mirada o movimiento como un serio problema. Si tu pareja comete un error, lo cual les suele pasar a todos los seres humanos (incluyéndote), pásalo por alto; o si es apropiado, ríete de él. Si tú cometes un error, no tengas miedo de reírte de ti mismo. Esto empezará automáticamente a desintegrar la tensión.

11. Comunícate

Cuando las parejas están teniendo problemas en su relación, lo primero en cortarse es la comunicación. Muchas veces es más fácil quedarse callado que enojarse. Cuando reconstruyes una relación, así como la comunicación fue lo primero en cortarse, ahora tiene que ser lo primero en volver a fluir. Esto requiere que ambos bajen la guardia y abandonen totalmente las precauciones. La salud en la relación no puede empezar hasta que no se hable.

Haz un acuerdo en el que tú te comprometes a hablar acerca de cualquier cosa y todas las cosas así como también te comprometes a escuchar, y escuchar de verdad. Esto no significa que estarás de acuerdo con todo, lo cual está perfectamente bien. Sin embargo, si no estás de acuerdo, no grites. Ustedes necesitan discutir calmadamente el problema y juntos encontrar una solución. Es un trabajo difícil, pero en poco tiempo se sentirán mucho mejor tanto individualmente como en pareja.

12. Una noche de pasión

Tanto la intimidad como la pasión en una relación no son solo importantes, sino también saludables. Las parejas necesitan estar juntas de forma íntima. Cuando la relación se torna áspera, la última cosa que cada uno quiere es ser apasionado con el otro. Sin embargo, esto es parte del cuidado y la reconstrucción de la relación, y aunque puede parecer inadecuado al principio, es crucial. Haz que el tiempo íntimo que pasen juntos sea especial. Sorprende a tu pareja con un cálido baño de espuma, velas de colores, música suave, una botella de vino, o reserva una noche romántica en un hotel incluyendo una cena, velas, vino y una hermosa habitación.

13. Fiesta

Empieza una nueva costumbre de organizar una fiesta cada uno o dos meses invitando a varios de tus amigos y los amigos de tu pareja. Puedes poner juegos de mesa que todos disfruten, bastante música alegre, y planear divertirse con una noche inolvidable. Pasar tiempo con amigos en este tipo de eventos es una buena forma de reducir el estrés. Cuando el estrés está bajo, las parejas se relacionan mejor. También es una estupenda forma de interactuar con los amigos de cada uno como pareja.

14. Feliz cumpleaños

A medida que la gente crece, por lo general los cumpleaños tienden a ser menos celebrados. La fiesta es más bien sencilla, los regalos son entregados rápidamente, la torta se devora en un santiamén y de pronto todo se ha acabado. Para el próximo cumpleaños de tu pareja, tómate el tiempo de planear algo especial. Haz de éste una verdadera celebración de su vida como una forma de mostrar tu amor y aprecio por aquella persona que ocupa uno de los lugares más importantes en tu vida.

No escatimes tiempo ni esfuerzo en festejar y celebrar el día de su nacimiento. A todas las personas, aun adultos, les gusta que les presten atención y que los aprecien. Sin importar si es una fiesta sorpresa o no, tu pareja quedará impresionada por todo tu esfuerzo y dedicación.

15. Escape secreto

Planea un escape de fin de semana a algún lugar alejado de la rutina donde puedan disfrutar de privacidad. Una cabaña o una habitación de hotel con una cama acogedora y un buen desayuno serían ideales. Explora el área previamente y elige algunas cosas que los dos podrían hacer, pero asegúrate de dejar mucho tiempo para pasar juntos a solas. Ordena una botella de vino o un capuchino caliente y relájense en frente del fuego. Hagan de esa escapada un fin de semana romántico donde puedan reencender el amor.

16. Saludo especial

Si tu pareja tiene que trabajar hasta tarde y sabes que tuvo un mal día, sorpréndelo con una comida especial cuando vuelva. Cuando lo oigas llegar a casa, salúdalo vestida con una lencería nueva y sexy, un cálido beso y una exquisita comida caliente. Después de que él se levante de la mesa, se enamorará de ti de nuevo por este saludo tan especial. Si sucede al revés y la mujer es la que llega a casa, después de darle un sugestivo y cariñoso beso, llévala a la cocina donde has preparado una deliciosa cena con velas encendidas. Pon un sobre al lado de su plato para que cuando lo habra diga, "Este certificado es válido por una sesión de 30 minutos de masajes después de comer." ¡Así es como mantienes vivo el romance!

17. Porque sí

Regálale cosas a tu pareja solo "porque sí." Éstos presentes no tienen que ser caros. Por ejemplo, una mujer tenía una colección de platos en miniatura en su cocina. Una noche su marido regresó a casa y le dijo que tenía un regalo para ella. Tomando su mano, suavemente puso en su palma una taza de porcelana en miniatura con el nombre de ella escrito en letra azul. Ella sabía que la taza probablemente no había costado más de dos dólares, pero la consideración del marido de haberse tomado el tiempo de encontrar algo que a ella le gustaba valía un millón. Los pequeños regalos envueltos en consideración son mucho más queridos y apreciados.

18. Dilo con palabras

Sorprende a tu pareja con pequeñas notas en rincones inesperados. Si tu pareja viaja por trabajo, pon una nota cariñosa en algún lugar dentro de su valija o maletero. Quizás el viaje es largo. En este caso, pon una nota diciendo, "Te amo," dentro de la caja de su CD favorito donde tú sabes que la encontrará.

Otra recomendación es pegar una nota en el espejo del baño donde ésta será la primera cosa que vea en la mañana. Se creativo y diviértete haciendo esto.

Si tu pareja tiene que viajar, dile que estás tan preocupada que conseguiste un guardaespaldas para que lo acompañe. Luego dale un pequeño oso de peluche.

19. Tiempo para mimarse

Cuando las parejas recién empiezan su relación, mimarse es algo común y parte de su existencia diaria. Sin embargo, a medida que la relación avanza o después de que nacen los niños, los mimos terminan desvaneciéndose para convertirse en un recuerdo. Tomen tiempo sólo para mimarse. Si tu pareja está sentada en el sillón mirando una película o acostada en la cama leyendo, acércate y dile que tú sólo quieres mimarla. Esto los hará sentirse amados y felices a ambos.

20. Desayuno en la cama

¿Cuándo fue la última vez que a ti o a tu pareja le sirvieron el desayuno en la cama? Algún sábado o domingo, cuando no haya nada planeado, levántate temprano y prepárale a tu pareja su desayuno favorito. Incluye el periódico del día como un extra. Aunque de seguro quedará sorprendido, sin duda apreciará mucho tal gesto de amor.

21. Hazlo sentir bien

Aquí hay algunas recomendaciones para hacer sentir especial al hombre de tu vida:

- Coquetea con él en lugares públicos
- Sólo una vez, deja la tapa del inodoro levantada
- Se generosa al darle cumplidos
- Dile qué tan sexy es él para ti
- Actúa como si estuvieras celosa de vez en cuando, aun si no lo estás.
- Recuérdale que él es un maravilloso compañero, marido y/o padre.
- Cuéntale cuán bonito te parece él

22. Hazla Sentir Bien

Así como a los hombres, a las mujeres les gusta sentirse bien e importantes. Estas recomendaciones te pueden ayudar:

- Dile qué tan bella es para ti
- Felicítala por sus infinitas habilidades (se específico)
- Solo una vez, deja la tapa del inodoro abajo
- Cuéntale qué tan importante es ella para ti

- Recuérdale que ella es tu mejor amiga
- Muéstrate cariñoso en frente de su familia o amigos
- Dile "te amo" frecuentemente
- Dile que todavía te excitas sólo al verla

23. Aquel beso

A medida que en una pareja cada uno se acostumbra al otro, el acto de besarse puede llegar a ser insignificativo. Abandona los "besitos" y empieza a besar de verdad. La próxima vez que los dos se saluden, disfruta el beso y no te apures en detenerlo. Es verdad que hay momentos para besar seriamente a tu pareja, como es en la intimidad, por ejemplo, sin embargo éstos siempre deben ser amorosos, sinceros y pasionales sin importar la duración de ellos. Te darás cuenta que mientras prestas más atención a tu forma de besar y le das a entender a tu pareja que tú disfrutas de ellos, los dos se sentirán mejor en su relación.

24. Se bondadoso

Increíblemente, la bondad es muchas veces demasiado simplificada. Aun en buenas relaciones existe la falta de bondad. Con esto hago referencia a las famosas palabras de Jesús: "Haz con los demás como a ti te gustaría que los demás hicieran contigo."

Simples actos de bondad pueden tener impactos tremendos en una relación. Si tu marido o novio está arreglando el auto en un día caluroso de verano, prepara una limonada fría y llévasela dándole un beso. Si tu esposa ha estado trabajando en la computadora todo el día, ve por detrás de ella y masajea suavemente sus hombros y también el cuello.

Bondad significa mirar la situación en la que la otra persona se encuentra y fijarte qué puedes hacer o agregar a la situación para hacerla mejor o más fácil. Ésta es una forma de validar el respeto mutuo. La bondad siempre durará mucho en una relación.

25. Pasatiempo especial

Encuentra algún tipo de pasatiempo que ambos disfruten y háganlo juntos. Puede ser que a los dos les guste restaurar muebles. Convierte eso en una aventura. Vayan a subastas para encontrar piezas útiles y después restaurarlas entre los dos como un equipo. Otra opción podría ser si a los dos les gustara aprender a bailar salsa o algún otro tipo de baile. Tomen clases juntos para que así puedan salir a otros lugares o ciudades y bailar toda la noche. Ésta es una estupenda forma de consolidar tu relación mientras ambos se divierten.

26. Escucha de verdad

Forma el hábito de escuchar lo que tu pareja está diciendo. No me refiero al mismo estilo de oír que cuando sales a bailar o estas sentado en la mesa, sino una forma diferente de oír. ¿Alguna vez escuchaste a tu pareja comentarle a un amigo o miembro de la familia sobre algo que realmente les gustaría adquirir o hacer? Tal vez tú oíste a tu esposo decirle a un amigo que le gustaría tener cierta herramienta. Sin tener ninguna razón en absoluto, haz un esfuerzo para conseguir esa herramienta.

Quizás escuchaste a tu esposa mencionar alguna película que le gustaría mirar. De nuevo, sin ninguna razón, sorpréndela. Esto demuestra que tu pareja está realmente prestando atención a las cosas que son importantes para ti.

27. Sé como un niño

No seas aburrido. No hay razón alguna por la cual una pareja de cualquier edad no pueda jugar a hacerse cosquillas o pelearse de mentiras en el piso. No dejes que tu relación se vuelva monótona y vacía. Entiende y acepta que está perfectamente bien actuar tontamente de vez en cuando. Si no tienes nada planeado, en especial un viernes a la noche, alquila algunos juegos, ordena una pizza, conecta la Play Station y jueguen a algo. Es muy importante y saludable que como pareja encuentren juegos y actividades recreativas que los dos disfruten hacer.

28. Vestidos para salir

Aunque la mayoría de la gente no se viste formalmente para salir, encuentra un restaurante fino, una buena obra de teatro o algún otro evento donde el hombre pueda vestirse usando traje y corbata y la mujer un vestido largo de noche. Si es posible, alquila una limousine y deja una botella de champagne bien fría dentro de ella. Ambos se sentirán bien pasando esta noche mágica juntos. Este evento será algo único que traerá otro giro inesperado a la relación, el cual puede mantenerla interesante y viva. Tendrán una noche romántica e inolvidable.

29. Demostrando amor

Aunque escuchar las palabras "te amo" es especial e importante, algunas veces desearíamos poder decirlo y escucharlo de nuestra pareja en una forma única y especial. Aquí hay algunas ideas de cómo puedes lograrlo:

- Cuando él salga de la ducha, alcánzale una toalla seca y calentita recién obtenida del secador.

- Cuando hagas panqués (panqueques), primero vierte las palabras, "Te amo" en la sartén y cocínalo un minuto hasta que se dore. Ahora vierte más mezcla para crear un panqué circular. El resultado de esto será un panqué con dichas palabras especiales cuando lo des vuelta.
- Mientras él esté fuera de la ciudad, limpia el auto y sorpréndelo cuando lo vas a buscar al aeropuerto en un reluciente y brilloso automóvil.
- Invítala a almorzar fuera.
- Ten listo su desayuno preferido en la mesa junto con el periódico matutino, y dentro coloca un papel con esas dos palabras, de modo que al abrir el diario pueda verlo.
- En vez de insistirle para que te acompañe al supermercado, déjalo que se quede en casa.
- Imprime y pega tu fotografía preferida de ustedes dos en el refrigerador.
- Regálale una suscripción a su revista favorita.

30. Comparte la responsabilidad

Casados o de novios, los fines de semanas están siempre llenos de recados y tareas. Si encuentras que en el fin de semana las tareas están más inclinadas para un lado que para el otro, ayuda a tu pareja. Por ejemplo, si hay niños de por medio y uno tiene un partido de fútbol mientras que el otro tiene uno de básquet en el mismo horario, ofrece llevar a uno de ellos para que tu pareja lleve al otro. Empaca algunos sándwiches y snacks para hacer de esta salida un tiempo especial.

Tal vez alguno de los dos tiene visitas y la casa necesita estar limpia, la ropa lavada y la comida comprada. Olvídate por un momento de lo que necesitas hacer para ti mismo y ofrece hacer algo para ayudar. Simplemente pregunta qué trabajo puedes hacer para ayudar. Este gesto le demostrará a tu pareja que tú realmente te preocupas por ella sacrificando tu tiempo.

31. Amor significa pedir perdón

Si cometes un error diciendo o haciendo algo que puede herir la relación, discúlpate. Mucha gente tiene problemas para pedir perdón, aun cuando saben que lo que han hecho estuvo mal. Realmente es de una persona con carácter el saber disculparse. No esperes a armarte de valor para hacerlo, sino hazlo inmediatamente, y con sinceridad.

Frecuentemente, cuando las parejas discuten, hay un largo periodo de silencio, el cual acrecienta la tensión y el enojo. En este caso, y cuando sea necesario, necesitas decirle inmediatamente a tu pareja que has cometido un error y que lo sientes.

Robert Spaemann, un filósofo católico nacido en Alemania, dijo lo siguiente con respecto a esto: "Perdonar es no tener demasiado en cuenta las limitaciones y defectos del otro, es no tomarlas demasiado en serio, sino quitarles importancia, con buen humor, diciendo: ¡sé que tú no eres así!"

32. Sé tú mismo

No seas falso en tu relación tratando de ser algo o alguien más con el propósito de complacer a tu pareja. Para que una relación funcione, ambos necesitan ser auténticos y reaccionar a las cosas naturalmente. Solo imagina si tú eres una persona extrovertida, que sale siempre y disfruta tener muchos amigos.

De repente conoces a una persona maravillosa, la cual es mucho más conservadora que tú. Porque estás atraído a esa persona, tratas de esconder tu vibrante y normal personalidad. Entonces serás miserable y tarde o temprano la persona se verá expuesta a tu verdadera personalidad. Debes basar cualquier relación en honestidad, de lo contrario en el momento menos pensado se derrumbará.

33. Cuida tu salud

Debes estar pensando, ¿qué tiene que ver la salud con una buena relación? En realidad tiene mucho que ver. Tener una buena relación significa tener la energía suficiente para disfrutar salidas y actividades juntos. Para hacer eso, es necesario comer bien. Cuando la gente está cansada, se frustra y se irrita muy fácilmente. Por esta razón, es muy importante dormir la cantidad de tiempo necesaria. A su vez, el buen ejercicio mantiene tu cuerpo en forma para poder aventurarse juntos. Cuidar tu cuerpo y mente afectará positivamente tu relación y te hará una persona calma, fuerte y bien balanceada.

34. Muchos cumplidos

Sé generoso con los cumplidos. Es muy común para la gente notar algo bueno en la otra persona y pensar en ello internamente, pero nunca se atreven a decirlo. En una relación, los cumplidos son como un pegamento, porque mantienen unida la atención y contribuyen al respeto mutuo en la pareja. Asegúrate de que tus cumplidos sean genuinos y basados en algo que ves o escuchas a tu pareja hacer. Si tú tienes un caño o tubería tapada y tu esposo puede arreglarlo, felicítalos por ser hábiles. Si tu esposa lleva a su madre al doctor, felicítala por su generosidad.

La verdad es que la crítica es muy destructiva y puede romper en pedazos prontamente una relación. Como dice el dicho, "Si no tienes algo bueno para decir, mejor no digas nada." Esto es muy verdadero, esfuérzate en notar las cosas buenas que tu pareja hace y hazle saber que tú las ves y las aprecias.

35. Expectativas realistas

No importa qué tan maravilloso e impecable sea tu pareja, nadie es perfecto. Ten mucho cuidado en poner a alguien en un pedestal, especialmente recién comenzada una relación. Asegúrate que las expectativas que tienes tanto para tu pareja como para tú mismo sean más bien realistas, y recuerda que habrá diferencias y desacuerdos en el camino.

Tampoco supongas que tu pareja sabe cómo te sientes o qué piensas sobre determinada situación. La realidad es que ninguno de los dos sabrá exactamente lo que el otro necesita. Mientras no esperes que el otro adivine tus pensamientos y aceptes que esto es parte de comunicarse y conocerse mutuamente, estarás bien. Algo interesante dijo Juan Donoso Cortés (1809-1853), un ensayista español: "Lo importante no es escuchar lo que se dice, sino averiguar lo que se piensa."

36. Deja el equipaje atrás

Cada persona sobre la faz de la tierra trae consigo algún tipo de historia, o "equipaje", aunque a diferentes niveles. No camines hacia una relación con tus brazos a los costados, trasladando los bultos y las maletas de tu equipaje, haciendo un esfuerzo para que no se caigan. El pasado es el pasado. Aun si hay cosas del pasado que te lastiman, aprende de esas cosas y consolídate como persona para tu propio bien. Esto te permite empezar una relación con un mejor conocimiento de las cosas que no debes hacer. Abandona el equipaje del pasado, enfócate en el presente, y aspira hacia un mañana mejor.

37. No Repitas, no repitas, no repitas

Aprende de tus errores. Cuando hay algún conflicto y ambos lo superan, no repitas el mismo error. En vez de sacar a la luz algo que hiciste o dijiste antes, piensa antes de actuar. Al principio tomará disciplina para lograrlo, pero cuando notes resultados positivos en la relación es porque está funcionando. Alguien dijo una vez que fracasar es la clave para el éxito si de verdad puedes aprender de tus errores.

38. Invitar a una cita

Especialmente para casados, pero aun para parejas de novios. Muchas veces la gente se siente muy cómoda en su relación y se pasan todos los fines de semana sentados en el sillón mirando películas, ya que es la actividad más excitante que conocen.

Pero de vez en cuando invita a tu pareja a salir. Por ejemplo, si estás en el trabajo, algún día puedes llamar y preguntar: "Si no tienes planes para el sábado a la noche, ¿te gustaría ir a un concierto conmigo?" Es crucial para una relación mantener vivo el fuego, y esto se logra disfrutando el simple hecho de salir en una cita. Muchas parejas en exitosos y duraderos matrimonios han dicho que salen y tienen citas con sus cónyuges todas las semanas, lo cual ha resultado en un inmenso beneficio para su relación.

39. Caja de la memoria

Empieza una caja de la memoria para guardar entradas de cine, folletos de ciudades visitadas, entradas a conciertos, viejas cartas de amor, pequeñas notas, tarjetas de cumpleaños, tarjetas de aniversario o cualquier otra cosa que hayan hecho juntos. También puede ser un libro en el cual pegues los objetos que deseas guardar. De vez en cuando, saca la caja y mira los objetos con tu pareja. ¡Recuerda cada momento, y guarda los tiempos especiales de tu vida cerca de tu corazón!

40. No pongas a los niños en el medio

Cuando hay niños en escena, es crucial que no sean usados como títeres en ninguna situación. Por ejemplo, si tu pareja quiere intimidad y tú no estás de humor, no digas, "Necesito ayudar a los chicos con su tarea", o si algo necesitaba atención y no lo hiciste porque te olvidaste, no le eches la culpa a los niños diciendo, "Estaba cuidando a los niños y no tuve tiempo." En el primer caso, se honesto, dile que estás muy cansado y que, si bien la intimidad es importante, prefieres asegurarte que los chicos vayan a la cama temprano para así poder pasar un lindo tiempo juntos y sin distracciones. Esto abre una línea honesta de comunicación y no deja resentimientos en l

os niños, especialmente porque no es su problema.

41. Escúchate hablar

Cuando trabajas en tu relación, es muy probable que tanto tú como tu pareja hayan formado hábitos poco saludables cuando hablan entre sí. Tal vez lo hacen de forma corta y con respuestas bruscas, suspiros pesados o comentarios negativos. Presta atención no solo a lo que dices, sino también al tono que empleas para decirlo. Alégrate, se positivo y responde de una forma que confirme a tu pareja que estás realmente escuchando y verdaderamente interesado. Además, agrega términos cariñosos a tu conversación. Reemplaza "Buenos días" con "Hola cielo, ¡Buenos días!"

42. Hacer el amor

La intimidad juega una parte fundamental en cualquier relación exitosa. Elijan un buen libro sobre relaciones íntimas o posiciones, el cual pueden pedir prestado de su biblioteca local, y traten de traer un poco de emoción a su relación. No tengan miedo de experimentar y aprender nuevas formas de complacerse mutuamente. Mantener la intimidad viva es saludable y muy importante.

43. Apaga los dispositivos electrónicos

Repetidamente la computadora, el móvil y la tableta son reemplazantes de algo que falta en la relación. Esto puede darse solo navegando, chateando, jugando o hasta envolviéndote en sitios pornográficos. Si notas que tu pareja está pasando cada vez más tiempo en frente de estos dispositivos, tómalo como una señal de que aunque no has hecho nada malo, tu pareja prefiere pasar más tiempo con ellos que contigo. En otras palabras, usa esto como señal de que algo está faltando en tu relación. Empieza a hablar y buscar qué es lo que le está molestando y entonces ¡esfuérzate para solucionarlo!

44. Sigue la tradición

Mantén algo de tradición en tu matrimonio. Esto se relaciona con los compromisos que has tomado y el hecho de que el matrimonio es sagrado. Considera cada aniversario como una celebración de su amor y el tiempo que han pasado juntos. Sigue los tradicionales regalos de aniversario y a ver cuán creativo puedes ser. El regalo del primer año de aniversario es papel. Conozco un esposo que le compró a su mujer un hermoso dibujo chino en papel de arroz, firmado por el artista, y lo puso en un cuadro especialmente para ella. Haz de esto algo divertido, y mantén las tradiciones vivas.

45. Controla tu enojo

Toda relación tiene dificultades, y a veces pueden surgir intensas discusiones. Por el bien de tu relación y el amor a tu pareja, controla tu enojo. Primero, cuando la gente está enojada, palabras hirientes salen de su boca, usualmente sin intención. Sin embargo, una vez dichas ya es muy tarde para frenarlas y el daño ya se ha producido. Por eso Confucio dijo: "Si te enfadas, piensa en las consecuencias."

Otro problema con el enojo es que la palabra "divorcio" puede ser mencionada fácilmente. Tal vez no la quisiste decir, pero sabes que esta palabra lastima y que te hará el vencedor de la discusión. NUNCA hables acerca de divorcio en tu relación, aunque solo estés bromeando. Si necesitas irte a otra habitación para calmarte, entonces hazlo, pero no dejes que tu enojo tome control de tu relación.

46. Finanzas

Una de las principales razones por las que un matrimonio falla, aparte de la infidelidad, es debido a las finanzas. Cuando las parejas tienen problemas de dinero se encienden los ánimos, la frustración aumenta, es más fácil comenzar con los vicios, y es toda una situación incómoda para ambos.

En el preciso instante que haya señales de dificultades financieras, ambos necesitan sentarse y pensar en un plan para afrontar el problema de tal manera que puedan llegar a un acuerdo sobre cómo saldrán de esa mala situación financiera. Si es necesario, vayan a ver un consultor en finanzas. No permitas que tus finanzas se salgan del camino, de lo contario tu relación sufrirá las consecuencias.

47. Te perdono

Si algo ha pasado en tu relación causando ruptura en la confianza, tendrás muchas cosas para trabajar y mejorar. Cuando tu pareja ha hecho algo que requiere tu perdón, tienes que perdonar, y perdonar de verdad. Una vez que hayan solucionado el problema juntos o con ayuda profesional, y tú has perdonado, no puedes hablar o comentar ese tema otra vez con tu pareja.

Por ejemplo, si tu pareja ha sido infiel y los dos deciden solucionarlo en vez de tirar por la borda la relación, una vez que los problemas están resueltos y ha sido todo perdonado, ya ha sido hecho. Esto no significa que puedes perseguir a tu pareja para asegurarte que está donde dijo que estaría, llamarle durante todo el día o preguntarle constantemente por reafirmación en la relación. Perdonar de verdad significa que tú perdonas y pones el pasado atrás, entonces caminas hacia una relación nueva, fuerte y saludable. No será fácil, pero lo puedes hacer con la ayuda adecuada, con una buena actitud y un compromiso decidido.

Recuerdo que Henry Ward Beecher (1813-1887), un religioso estadounidense dijo al respecto: "La mayoría de la gente dice "puedo perdonar, pero no olvidar", y eso es sólo otro forma de decir "no puedo perdonar.""

48. Desacuerdos en público

Mientras que tener desacuerdos es normal y algunas veces, si es controlado, puede ser bueno para una relación, es importante tener en cuenta el lugar y el nivel de la discusión. Mantén tus desacuerdos en privado. Estar en una fiesta o alrededor de la familia o amigos y empezar una discusión es una buena forma de romper una relación. No solamente avergonzará a tu pareja, sino que también afectará de forma negativa la imagen de ambos en frente de todas las personas que se encuentren presenciando la discusión.

Si estás en público y piensas que necesitas discutir, por lo menos encuentra una esquina desolada o alguna habitación alejada donde puedas discutir lo que sea que te molesta.

49. Fuertes lazos familiares

En una relación no sólo estas envuelto con el amor de tu vida, sino también con la familia de tu pareja. Es importante también construir una relación limpia y sólida con sus familiares. Aun si no los ves seguido, tener una buena relación con la familia de tu pareja les hará la vida más fácil y mejor a todos.

Si mantienes una buena relación con la familia de tu cónyuge esto hace que tu pareja se sienta afirmada y trae seguridad a tu relación.

50. Mentor

Si conoces algún matrimonio del trabajo o la iglesia que ha estado casado por muchos años y todavía tienen una buena relación, pregúntales si te podrían aconsejar. Estar alrededor de influencias positivas y observar a alguien que guía con su ejemplo es una estupenda manera de aprender a mantener una buena relación con tu pareja.

51. Calendario de 12 meses

Como un regalo especial, realiza un calendario creado con fotografías de momentos especiales vividos por los dos. Acomoda las fotos para que coordinen con cada mes y entonces para navidad, para su cumpleaños, o solo como un regalo sorpresa, preséntaselo a tu pareja.

52. Algo hecho a mano

No tienes que ser un artista famoso para hacer algo a mano, especialmente para el amor de tu vida. Hacer una tarjeta personalizada para tu pareja sería muy apreciado y demostraría que le importas lo suficiente como para tomarte tiempo de hacer algo a mano.

53. Comida favorita

Si a tu pareja le gusta alguna comida, que es su favorita por sobre todas las otras, prepara todo para ordenarla a domicilio. Antes que llegue a casa, arréglate y vístete bien, prende algunas velas y espera por una maravillosa sorpresa.

54. Mascota

Si a ambos les encantan los animales, vayan y adopten un perro o un gato que necesite un buen hogar. Adoptar un animal que necesita un hogar puede ser una buena forma de tener algo que los dos pueden cuidar y amar. Esto los llevará a tomar caminatas juntos, pasear al perro o pasar horas jugando con un divertido gato.

55. Día de películas

Tengan una maratón de películas algún día frío o lluvioso. Pospongan sus recados y tareas y vayan a alquilar algunas películas. Elijan tres o cuatro y mézclenlas. Compren palomitas de maíz y sodas. Pasen un día juntos, tomados de la mano, abrazados cariñosamente, mientras comparten risas y quizás lágrimas mirando géneros variados de películas.

56. Una Caminata en el parque

Pasar tiempo juntos hablando, compartiendo o sólo disfrutando de la compañía del otro es crítica para una buena relación. Planea un paseo por el parque incluyendo una manta para sentarse en el pasto mientras tienen un picnic. Toma este tiempo para hablar, mirar otra gente con sus niños, y pasear por el parque tomados de la mano.

Asegúrate de visitar la sección de los columpios. Esto traerá recuerdos de su niñez.

57. Nombra una estrella

Pídele a tu pareja que salga afuera contigo una noche de cielo negro y con las estrellas brillando. Apunta hacia el universo y dile, "¿Ves esa estrella allá? Esa es tu estrella. La compré para ti." A continuación preséntale el certificado donde dice que tú realmente has comprado y nombrado esa estrella. ¡Este regalo durará toda la vida!

Si buscas en Internet "comprar estrellas" o "registrar estrellas reales", te saldrá un listado de varios servicios que te ofrecen el certificado y datos precisos sobre la estrella que deseas comprar.

58. Libro de cupones

Crea un libro de cupones donde ofreces la cantidad que desees de sesiones de masajes por un espacio de quince o veinte minutos. Puedes poner algo como "Conozco un gran masajista. Para conseguir un turno, por favor llama al (tu número aquí)."

Algún día cuando menos lo esperes, cuando tu pareja llegue arrastrando los pies de cansancio después de un largo día de trabajo, preséntale el libro junto con un tierno beso. Aunque tú eres quien ofrece los masajes, si te mantienes fiel a tus cupones y nunca te quejas, tu pareja seguramente se verá impulsada a hacer lo mismo contigo, o algo parecido.

59. Comida al calor del fuego

Ordena tu comida favorita, abre una botella de vino, prende algunas velas, y pon en el piso, y en frente del fuego, una acogedora colcha. Disfruten darse de comer mutuamente, dándose besitos entre medio. Este maravilloso y romántico momento ayudará a consolidar la relación. Este gesto le muestra a tu pareja que quieres algo especial de esta relación y que pasar tiempo juntos es una prioridad.

60. *Cazando pistas*

Si las cosas están un poco estresadas en tu relación, haz algo extra especial. Empieza creando un camino de pétalos desde la puerta de entrada de tu casa hasta la cocina donde tu pareja encontrará una nota para ir hasta la habitación. En la habitación, otra nota al lado de una pequeña maleta diciéndole que te encuentre en el restaurante de un hotel específico donde tú sabes que el ambiente es acogedor y romántico. La nota deberá guiarla a preguntar por ti en el restaurante donde tú estarás esperando para disfrutar una cena juntos. Después de la cena y el postre, suavemente lleva a tu pareja de la mano a una hermosa habitación que has reservado para esa noche. Que pueda ver sobre la cama la bata y la rosa roja. Esto tendrá un efecto más positivo para tu relación de lo que te imaginas.

61. *Álbum de fotos*

Como un hermoso recuerdo, crea un álbum de fotos para tu pareja. Incluye a sus padres o hermanos con algunas fotos de su niñez y adolescencia. Agrega a su familia y amigos, ocasiones especiales y momentos que ambos han pasado juntos. Cuando sea que sientan que se están separando o acostumbrándose al hecho de que uno siempre estará al lado y acompañando al otro, saca el álbum de fotos como un recuerdo de la increíble persona que tienes a tu lado.

62. El Arte de regalar

A todo el mundo le encanta recibir regalos, especialmente si es una sorpresa o "solo porque sí." Solo recuerda que si bien regalar es un acto natural hacia la persona que amas, existen cinco puntos esenciales para que tu pareja sepa que tú lo haces sólo por amor.

Primero, ponle algo de imaginación al regalo. No elijas algo a último momento solo para tener algo para dar y no quedarte con las manos vacías. Segundo, haz un esfuerzo. Aun si tienes una agenda ocupada, busca algo de tiempo para poder salir de compras. Tercero, regala con la actitud correcta. Tú das porque aprecias y amas, no porque quieres algo a cambio. Cuarto, planea lo que le vas a dar. Encuentra algo que es importante para tu pareja y no necesariamente para ti.

Finalmente, agrega el elemento sorpresa en tu entrega. Usando esta fórmula es seguro que impresionarás a tu pareja y dejarás una buena impresión.

63. Historia familiar

Realiza una extensiva búsqueda acerca de la historia familiar de tu pareja (tal vez necesites la ayuda de la familia) y crea una página de Internet especialmente para la familia de tu pareja donde ellos podrán compartir información, fotografías, recetas familiares, y más. Esto tomará tiempo y planeamiento pero muy poco dinero. Myfamily.com, Ancestry.com o simplemente una página en Facebook son buenas opciones para comenzar. Esto no sólo tocará el corazón de tu pareja sino de todos los miembros de su familia.

64. Un día en el spa

Para parejas donde la madre o el padre se quedan en casa todo el día a cuidar de los chicos, muestra tu apreciación por el duro trabajo que esto implica. Contrata a una persona para cuidar los niños por aproximadamente cuatro horas y regálale a tu pareja una tarjeta con créditos para pasar tiempo en algún spa o salón de belleza. En ese lugar ella o él podrán disfrutar de masajes, baños minerales, sauna y otros tratamientos disponibles.

65. Caridad

Encuentren alguna obra de caridad en la cual les gustaría participar y juntos donen algo especial. Por ejemplo, si hay una casa para madres solteras cerca de su casa, vayan juntos y compren ropa para bebés. Otra opción podría ser si algún parque local necesita donaciones de árboles, pregunta qué clase de árboles se necesitan, y compren uno juntos. Hagan de esto algo especial donde puedan comprarlo y presentarlo juntos. Este tipo de actos bondadosos son buenos para unir a la pareja, ya que ayuda a los dos a apreciar y mostrar la bondad de cada uno.

66. Tormentas eléctricas

Mientras algunas personas ven a las tormentas como un fenómeno aterrador, estas también pueden ser vistas como románticas. Si una noche hay tormenta en tu área, sin exponerse al peligro, siéntate en la entrada de la casa, si es que la tormenta todavía está lejos, o arrímense cariñosamente sobre el sillón frente a la ventana más grande y miren los relámpagos juntos.

67. Mantén la autoestima

Toda relación pasa por altibajos donde los "bajos" son más que los "altos." Sólo porque la llama del amor se ha convertido en una suave lumbre, no significa que se haya perdido el amor, sólo significa que hay que agregarle combustible al fuego.

Cuando las parejas han estado juntos por mucho tiempo, el maquillaje se cae, las ropas lindas se transforman en ropa transpirada y muy grande, y en vez de arrimarse juntos en el sofá, uno se sienta en el sillón y otro en la silla. Vuelve al pasado y empieza a vestirte mejor los fines de semana, invita a tu pareja a sentarse contigo en el sillón, bailen juntos al compás de la música en la sala o vayan de paseo tomados de la mano.

Es importante no dejar caer tu autoestima, aun cuando la relación ha alcanzado un estado de "bienestar y confort." Mantener tu autoestima a un nivel apropiado significa hacer lo mismo por la relación.

68. Prohibido estar celoso

Tener una relación saludable cuidando y preocupándote por el otro está bien, pero cuando esas emociones cambian por celos, puede ser el comienzo de problemas. La confianza es probablemente el elemento número uno para lograr una relación sólida. Sin confianza, las cosas se deterioran rápidamente. Si alguno de los dos se especializa en algún rubro en especial, recibe un ascenso en el trabajo, o logra alguna gran hazaña, podría haber una pequeña chispa de celos contra el otro.

Necesitas hablar acerca de esto y asegurarte que cualquier sentimiento de celo o envidia es puesto a un lado permanentemente. Toda persona necesita confianza en sí mismo en un momento u otro, y mientras exista la comunicación mutua, las cosas irán bien. Sin embargo, si tu pareja se ha retraído o irritado, éstas podrían ser señales de que algo más está pasando. Una vez que los celos entran en una relación, es muy probable que en poco tiempo haya problemas.

69. Mantente en contacto

Si estás en una relación donde tu pareja sirve en las fuerzas armadas y está fuera del país o en otra provincia cumpliendo su obligación, o tal vez está en un país extraño por razones de estudio o separado de ti por algún otro motivo, es muy importante que los dos mantengan el contacto frecuentemente. Habrá estrés por la separación, pero estando en contacto e informando al otro de las cosas que están viviendo, cómo se sienten, qué hicieron en la semana, etc., no tendrán ningún problema en su comunicación.

El objetivo es que cuando vuelvan a verse puedan retomar fácilmente la relación desde donde la habían dejado. Este es un tiempo muy importante para confirmar y convalidar el amor por el otro. Esto requerirá esfuerzo adicional de ambas partes, pero ten en cuenta que la separación no es para siempre.

70. Organiza una fiesta de Halloween

En vez de solo repartir dulces para Halloween, organiza una fiesta de disfraces donde cada persona esté obligada a disfrazarse. Incluye comida, bebidas, pequeños regalos y juegos. Reúnete con algunos amigos para que te ayuden a planear todo. Elige con tu pareja disfraces que se complementen con cada uno.

Unas pocas sugerencias pueden ser Adán y Eva, Batman y Batichica, Cleopatra y Marco Antonio, Romeo y Julieta, Robin

Hood y Maid Marian o Superman y Luisa Lane. Tendrás una maravillosa experiencia planeando y buscando tus disfraces. Esta clase de fiestas es especial para divertirse y crear buenas memorias juntos, las cuales son importantes para una buena relación.

71. Música especial

Selecciona muchas canciones que sabes que a tu pareja le gustan y grábalas en CD o en su reproductor de música favorito para que pueda ser disfrutado mientras maneja al trabajo y cuando vuelve. Para agregar un condimento extra, graba un mensaje secreto entre medio de algunas canciones recordándole tu amor y aprecio.

72. Aventuras nuevas

Organicen los dos y pónganse de acuerdo para hacer algo nuevo juntos. Si los dos son atléticos, ingresen en alguna competencia física. Si a los dos les gusta el arte, preséntense para una audición de roles en algún teatro local. Tal vez les gusta viajar. Si es así, planeen un viaje corto a algún lugar exótico en donde nunca hayan estado antes.

73. Adopta una familia

Cuando el feriado de navidad empieza a acercarse, localicen una familia de la iglesia o caridad local que necesite ser adoptada para pasar la navidad. Compren los regalos juntos, e inviten a la familia para una cena deliciosa. Aprenderán a apreciar más sus pertenencias y lo que tienen, así como su propia relación amorosa.

74. Casarse

Si tu relación ya tiene una fecha de casamiento y la cuenta regresiva ha comenzado, haz algo único y divertido. Visita una tienda de dulces y compra 30 corazones en miniatura, cada uno con un mensaje especial de amor. Cada día preséntale a tu pareja un corazoncito. A medida que se acercan los últimos días antes de la boda, el mensaje podría decir algo como, "Solo dos días más", "Mañana: El Gran Día", "Te amo, tu esposa (o esposo)."

75. Motívense

Encuentra algún incentivo mutuo que motive a ambos a ser mejores. Localiza algo excitante que los dos disfruten y añádele algún tipo de recompensa a la motivación. Si alguno de los dos ha tenido un sueño de escribir un guión para una película, fíjense la meta y háganlo juntos. La motivación puede ser que cuando lo terminen, los dos viajarán un fin de semana a algún lugar bello y romántico. La meta puede ser cualquier cosa que sea importante para uno o para los dos y que pueda ser lograda trabajando en equipo.

Otro ejemplo puede ser si tu pareja siempre soñó en comprar un auto antiguo y restaurarlo. Háganlo juntos y después den un paseo como recompensa. De la misma forma, si alguno siempre quiso restaurar una casa, trabajen juntos en el proyecto y como recompensa agreguen un jacuzzi a los planes. Usa tu imaginación y disfruten juntos la aventura.

76. Aférrate al cambio

No existe relación en la faz de la tierra que dure años y años sin cambio alguno. La gente cambia a medida que madura y ve la vida de una forma diferente, es por esta razón que reacciona diferente. En vez de enojarte con el otro a medida que cambia, aférrate al cambio. No siempre te gustarán los cambios que sobrevienen, pero no tires por la borda una buena relación sólo porque el viento empieza a soplar más fuerte. Sé paciente y anímate a ir en nuevas direcciones mientras expresas tus dudas y preocupaciones honestamente.

77. *Cosechas lo que siembras*

Este es un viejo dicho que ha perdurado a través de los años pero que expresa una verdad en la vida diaria. Si siembras amor, perdón, fidelidad, ánimo, honestidad y aceptación, eso es lo que cosecharás. Es definitivamente verdad que lo que pones en una relación es lo que vas a cosechar.

78. *Juegos de mesa*

Elijan una noche, tal vez una noche fría de invierno, y sólo disfruten jugar juegos de mesa. Esto puede hacerse con amigos cercanos o bien ustedes dos solos. No olviden las bebidas, la comida ¡y el humor! Risas y diversión son factores importantes para cualquier relación de cualquier edad. ¡Ríe y disfruta el momento con buena y honesta alegría! Te sorprenderá lo que esto puede hacer por tu relación.

79. *Sin interferencia*

No permitas que otra gente interfiera en tu relación. Si miembros de la familia se ponen en el medio de peleas o debates, eso es un problema. Aunque puedes tener amigos con buenas intenciones tratando de ayudarlos a resolver los problemas, ya que considerar el punto de vista de otra persona no es una mala idea, asegúrate que esto sucede cuando tú lo pides. Es muy importante que mantengas la integridad en la relación y no dejes que la gente interfiera en ella.

80. Adora a tu pareja

Aparte de decirle a tu pareja que la amas, que es especial, y tener pasión en tu relación, deberías adorar a tu pareja y lo que aporta a la relación. Esto significa apreciar y amarla por la persona que es, sus faltas y todo. Esta es verdadera devoción y demuestra que realmente la quieres.

81. Sigue tus instintos

Cuando las cosas no van en la dirección correcta, frecuentemente la gente sigue yendo en esa dirección esperando que las cosas cambien por sí solas. El resultado, usualmente, es negativo. Como lo dijo el famoso físico alemán nacionalizado estadounidense, premiado con un Nobel, Albert Einstein: "Locura es hacer lo mismo una y otra vez esperando resultados diferentes."

En vez de hacer lo mismo todos los días esperando que pase algo, escucha tus sentimientos y tus instintos internos. Si crees que algo está molestando a tu pareja o algo no está bien en la relación, mantenlo entre tú y tu pareja y analicen la situación entre los dos.

82. Sé creativo

Las palabras "te amo" son siempre bienvenidas pero, ¿por qué no agregar creatividad en la forma de decírselo a tu pareja? Alquila una cartelera por donde sabes que tu pareja pasa en el auto todos los días que claramente diga, "Te amo," o pide en la radio favorita de tu pareja que toquen alguna canción con un mensaje especial mientras va camino al trabajo.

83. Mira a los ojos

Debes pensar que esto no es importante, pero recuerda la primera vez que viste a tu actual pareja. Más que seguro, la primera interacción fue por contacto visual. Si están cenando durante algún feriado con un gran grupo de familiares y amigos, mira a tu pareja y guíñale el ojo, o si tu pareja está dando una charla y tu estas allí para ofrecer apoyo, mira atentamente a tu pareja, haciendo contacto visual directo y dándole una tranquilizadora sonrisa. ¡Una mirada puede decir mucho!

84. Conoce a tu pareja

Encuentra un buen cuestionario o hazlo tú mismo, pero que éste no escarbe el pasado, sino que se enfoque en descubrir las cualidades de cada uno. Una pareja felizmente casada hizo esto, y la esposa, quien había estado al lado de su marido por diez años, descubrió que él solía ser un esquiador sobre hielo. Ella no tenía ni idea. Imagínate qué fueron a hacer el sábado siguiente.

85. Cambia la rutina

Entiende que de vez en cuando es importante realizar un giro inesperado en la relación. Si tu rutina es, por ejemplo, darle un beso rápido en los labios a tu mujer antes de irte a trabajar, intenta cambiarlo por un dulce beso en el cuello. Puedes estar seguro de que ese cambio en la rutina es lo que estará en su mente el resto del día.

86. Bailar

Descubrir un buen lugar donde ambos puedan disfrutar de unos buenos lentos es una excelente manera de pasar tiempo juntos y abrazarse sin decir ni una palabra. Ten presente que para lograr esto puedes quedarte en casa y simplemente mover algunos muebles, prender algunas velas y poner tu música favorita para disfrutar ese tranquilo y romántico momento.

Otra cosa que puedes hacer es conseguir alguna canción favorita y tenerla en tu dispositivo móvil. Cuando estén en algún lugar romántico, pregúntale a tu cónyuge si le gustaría bailar. Coloca uno de los auriculares en su oído y el otro en el tuyo, y luego disfruten de su propia pista de baile.

Esta idea es muy efectiva si la realizas en lugares donde la gente no bailaría normalmente.

87. Amanecer / atardecer

Muy seguido la gente pierde el hermoso milagro de apreciar el amanecer o el atardecer. Planea levantarte temprano una mañana con un termo de café caliente (o capuchino) y encuentra un buen lugar donde ambos puedan ir a mirar la salida del sol. Admiren lo que la naturaleza tiene para ofrecer y compártanlo el uno con el otro.

88. Explorar

Encuentren algo que los dos estarían interesados en explorar y háganlo juntos. Por ejemplo, si viven en un lugar donde hay cavernas, pasen el día paseando y explorándolas. Toda ciudad tiene sus maravillas naturales. A veces no las conocemos porque, al vivir allí es como algo cotidiano. Descubran juntos los lugares turísticos de su localidad.

Asegúrense de llevar el equipamiento adecuado y cumplir con las normas de seguridad, esto los pondrá a ambos en una posición de confianza mutua y de descubrir cosas nuevas juntos.

89. ¿Decirlo o no decirlo?

Expertos expresan opiniones diferentes acerca de cuánta información del pasado debe ser revelada en una relación, y mientras algunas cosas probablemente deberían ser compartidas, la mayoría de la gente se inclina más a no compartir todos los aspectos de su pasado. Primero, es el pasado. Recuerda cuánto una persona crece desde la adolescencia hasta su tardía juventud. Ofrecer información innecesaria del pasado es una estupenda forma de crear desconfianza, inseguridad y más preguntas que respuestas. Sé sabio cuando compartas.

90. Respeta lo privado

Cuando dos personas se unen en una relación, cada persona tiene su propia historia. Tal vez alguno de los dos guarda fotografías, cartas de amor, y otros objetos que quizás no significan nada para una persona, pero tiene un significado muy especial para su dueño. Es importante respetar la privacidad de las "cosas" de tu pareja.

No escarbes en cajas que contienen cosas de tu pareja sólo porque tienes curiosidad. En vez de eso, deja que ella comparta esas cosas si piensa que es necesario. Al ayudarte a ti mismo a satisfacer tu curiosidad, estás violando la propiedad de algo sagrado para tu pareja, y no estás ayudando a lograr una relación saludable en ningún aspecto.

91. *Ningún lugar para el abuso*

A pesar de cuán grande sea el amor y la confianza a tu pareja, NUNCA hay un lugar para el abuso, ya sea físico, emocional o verbal. Si tu pareja demuestra agresividad de cualquier tipo, busca ayuda para ambos inmediatamente para tratar de solucionar las cosas. Si tu pareja se niega a hacerlo, y aun si es duro, vete ya mismo de ahí. Primero, es tu propia seguridad. Segundo, es posible aprender diferentes maneras para manejar sus agresiones. Si éste es el caso, la vida de la relación tendrá mucha más oportunidad de sobrevivir.

92. *Abre tus ojos*

No te pongas loco con esto, pero observa cómo está yendo tu relación. Abre tus ojos y toma nota de qué está funcionando y qué no en tu relación. ¿Existen cosas específicas que faltan o problemas que necesitan ser solucionados? Piénsalo. Si tú inviertes en el mercado de acciones, también prestas mucha atención en lo que está pasando en el mercado para así poder efectuar cambios si es necesario. Tu relación es por lejos mucho más importante que el mercado de acciones, pero también requiere algunas de las mismas estrategias.

93. El pasto no es más verde

Muchas veces la gente se cansa de trabajar en la relación en que se encuentra y piensa que conseguir otra pareja es la forma de llegar a pastos verdes. Este no es el caso. Lo que sucede es que cuando cambias tu pareja las cosas son nuevas, frescas y excitantes como lo fueron al principio de tu relación actual. Con el tiempo, esa relación nueva también empezará a experimentar diferencias y pozos a lo largo del camino.

A menos que estén abusando de ti o tu pareja esté haciendo algo ilegal o completamente irresponsable, quizás los esfuerzos que pondrías en empezar una nueva relación serían mejor si los usaras para arreglar la que ya tienes.

94. Empieza un diario íntimo

Guarda tus sentimientos personales y aquellos descubrimientos que hiciste de tu pareja en un diario. Esto te ayudará a recordar qué cosas le agradan o desagradan, a guardar los maravillosos momentos pasados juntos, y a sentirte mejor cuando te golpeas con un obstáculo en tu relación. Cuando las cosas se ponen un poco difíciles, lee en tu diario todas las emociones y tiempo vividos, y encontrarás razones de sobra para hacer las cosas correctamente de nuevo.

95. Sé flexible

Recuerda que las relaciones de pareja exitosas son situaciones para dar y recibir, no son competencias entre dos personas que se aman. Habrá veces en la que tu pareja tendrá la razón y otras veces en la que tú tendrás la razón.

Cuando pienses que la conversación está muy al borde, con cada uno de ustedes tratando de mantenerse en tierra, no olvides de que puede haber variadas vías de lograr llegar a la misma conclusión. El resultado es que cada uno puede aprender algo nuevo de la otra persona. Pongan sus dos cabezas a pensar y hagan lo que tenga más sentido en vez de pelearse por quién es el dueño de la solución.

96. No más excusas

Un considerable disgusto en muchas situaciones, no solamente en relaciones de pareja, es cuando la gente tiene una excusa para todo. Olvida eso. No des excusas por miedo a que tu pareja no te ame o respete. Sé tú mismo, y si haces algo mal, admítelo.

Si tú prometiste preparar la cena, llegaste muy cansado y simplemente no tienes ganas de hacerlo, no le digas a tu pareja "tuve que trabajar horas extras." Sé honesto y dile "llegué a casa después de un día muy agitado y estaba muy cansado. ¿Qué te parece si pedimos comida china o pizza?" Esa actitud te sacará de la situación donde tienes que mentir y confirmará tu natural honestidad hacia tu pareja.

97. Espiritualidad

Las estadísticas demuestran que las parejas que asisten juntas a la iglesia tienen relaciones sólidas. La espiritualidad en la relación es muy importante. Permite que el amor de Dios sea tu guía y aparten un tiempo para tener devocionales juntos.

Cuando recién empiezas una relación, el tipo de religión de cada uno no será un problema al principio, pero después de un tiempo puede llegar a ser un tema para la discordia. Encuentra tiempo para Dios y considera encontrar una pareja que comparta tu misma religión.

Conclusión

Como puedes ver, las relaciones de pareja implican mucho trabajo. Sin embargo, con la actitud correcta, arduo trabajo, y algunas ideas originales para hacerlo funcionar, se puede tener una sólida y duradera relación para toda la vida.

Me despido con las palabras de Zig Ziglar, un famoso escritor, vendedor y orador estadounidense:

"No tengo forma de saber si estás o no casado con la persona equivocada, pero sí sé que mucha gente tiene muchas ideas equivocadas sobre el matrimonio y lo que se necesita para hacer que el matrimonio sea feliz y exitoso.

Yo seré el primero en admitir que es posible que te hayas casado con la persona equivocada. Sin embargo, si tratas a la persona equivocada como a la persona adecuada, bien podría acabar casado con la persona adecuada después de todo.

Por otro lado, si te casas con la persona adecuada pero la tratas como a la persona equivocada, sin duda habrás terminado casándote con la persona equivocada. También sé que en un matrimonio es mucho más importante ser uno el tipo de persona adecuado que casarse con la persona adecuada. En resumen, si te casaste con la persona correcta o incorrecta eso principalmente depende de ti."

Estimado Lector

Nos interesan mucho tus comentarios y opiniones sobre esta obra. Por favor ayúdanos comentando sobre este libro. Puedes hacerlo dejando una reseña en la tienda donde lo has adquirido.

Puedes también escribirnos por correo electrónico a la dirección info@editorialimagen.com

Si deseas más libros como éste puedes visitar el sitio de **Editorialimagen.com** para ver los nuevos títulos disponibles y aprovechar los descuentos y precios especiales que publicamos cada semana.

Allí mismo puedes contactarnos directamente si tiene dudas, preguntas o cualquier sugerencia. ¡Esperamos saber de ti!

Más libros de interés

Cómo Recuperar a tu Pareja - Guía práctica para reconquistar a tu ex

En este libro descubrirás cómo volver con tu ex sin perder tu cabeza ni tu dignidad en el intento.

Si quieres saber cómo llegué a conquistar nuevamente a mi ex ignorando el consejo de otras personas y si quieres saber cómo tengo ahora una relación estable y feliz, luego de tres años de nuestra separación, este libro es para ti.

Historias Reales de Amor - Anécdotas verídicas de hechos románticos contemporáneos

Las historias que se exponen a continuación son todas reales. Historias llenas de emoción, pasión, desengaños, reencuentros, y todo lo que te puedas imaginar, y lo que no, en una relación amorosa real.

El amor romántico - Cómo Mantener Encendida la Llama del Amor en Todas sus Etapas.

¿Qué podemos hacer para mantener vivo el romance? Con tantos matrimonios que terminan en divorcio, ¿cómo logramos ser diferentes? ¿Cómo tenemos una relación satisfactoria que dure toda la vida? La autora responde éstas y otras preguntas a fin de edificar una base firme para un amor que soporte la prueba del tiempo.

Cómo Encontrar Pareja en Internet - Y Mantener una Relación Feliz y Duradera.

Relacionarse a través de la red puede parecer la cosa más simple del mundo, pero la realidad indica que no lo es. Debe ser tomado con seriedad si pretendemos obtener buenos resultados.

Divorcio: Cómo salir adelante - Una guía práctica para reconstruir su vida después del divorcio

En este libro encontrarás información valiosa sobre cómo mejorar tu vida después del divorcio.

No hay duda sobre el hecho de que el divorcio puede ser muy difícil, pero uno de los aspectos más difíciles es la reconstrucción de tu vida luego de este hecho.

Alcance Sus Sueños - Descubra pasos prácticos y sencillos para lograr lo que hasta ahora no ha podido

Este libro ha sido escrito con el propósito de ayudarle a alcanzar aquellas metas que todavía no ha logrado y animarle a seguir luchando por aquellos sueños que está persiguiendo.

He dividido esta obra en 6 capítulos pensando cuidadosamente en todas las áreas involucradas en el proceso de alcanzar nuestras metas y lograr nuestros sueños.

El Arte De Resolver Problemas - Cómo Prepararse Mentalmente Para Lidiar Con Los Obstáculos Cotidianos

Todos tenemos problemas, todos los días, desde una pinchadura de llanta, pasando por una computadora que no enciende a la mañana o las bajas calificaciones de un hijo en el colegio. Sin embargo, debe prestar atención a sus capacidades para ser cada vez más y más efectivo.

El Fabuloso Poder Del Pensamiento Positivo - Cómo Manejar Los Momentos Frustrantes Y Convertir Las Dificultades En Un Entorno Productivo

El pensamiento positivo desempeña un papel muy importante en la vida. Una persona que piensa positivo acabará teniendo una vida más efectiva que alguien que piensa negativamente.

Un pensador positivo será capaz de permanecer optimista en cualquier situación que enfrente. Eso es porque no vive ni se estanca en lo negativo.

www.ingramcontent.com/pod-product-compliance
Lightning Source LLC
LaVergne TN
LVHW011716060526
838200LV00051B/2918